Warum? Weshalb? Wieso?

Warum? Weshalb? Wieso?

**Ein Frage-
und-Antwort-Buch
für Kinder**

Band 3

Herausgegeben
von Carola Hendel

Illustriert von
Marianne Schäfer

Erschienen
im Verlag Junge Welt
Berlin

Woher hat das Erzgebirge seinen Namen?

Wo heute Städte wie Schneeberg, Schwarzenberg, Annaberg-Buchholz, Freiberg oder Altenberg liegen, erstreckte sich einst ein finsterer, undurchdringlicher Urwald, Miriquidi genannt. Er reichte vom Elstergebirge im Westen bis zum Elbsandsteingebirge im Osten. In dem bergigen, unzugänglichen Gebiet lebten Bären, Wölfe und andere Tiere. Menschen wagten sich kaum hinein. Die meinten nämlich, wie es in einer alten Schrift steht, daß «niemand durchkommen konnte, er hätte denn auf der Stelle sein Leben verloren».

Doch vor 800 Jahren hallten Axtschläge durch den dunklen Wald. Bauern gründeten die ersten Siedlungen. Eine davon nannten sie Christiansdorf. Dort wurde im Jahr 1168 ein Schatz gefunden, der so kostbar war, daß er Tausende von Menschen anzog.

Niemand weiß genau, wie es zu dem Fund kam. Einer Sage nach haben Fuhrleute in einer Wagenspur ein Gesteinsstück mit einem «schönen Glanz» bemerkt. Wahr ist, daß in dem kleinen Bauerndorf eine silberhaltige Erzader zutage trat. Damit begann für das unwegsame Gebirge ein neues Zeitalter. Aus dem Harz wanderten fortan viele in ihrem Beruf erfahrene Bergleute ein. Sie fanden nicht nur Silbererze,

Beginn des Erzbergbaus im 15. Jahrhundert

Brille um 1600

Goldstück, Annaberg, um 1500

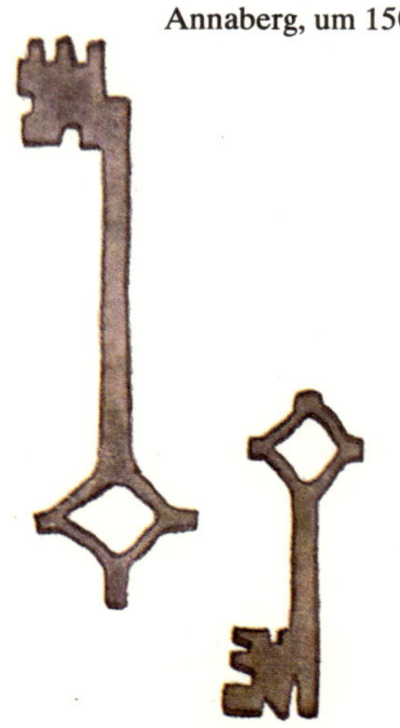

Gotische Schlüssel

sondern noch viele andere Bodenschätze. Es entstand ein Bergwerk nach dem anderen. Dicht neben den Gruben loderten Feuer. Hier wurden aus den Erzklumpen Metalle erschmolzen: Silber, Blei, Zinn, Zink, Eisen und andere.

Immer tiefer drangen die Erzsucher in die Erde ein, immer weiter dehnte sich der Bergbau aus. So wurde der finstere Miriquidi in das rege und freundliche *Erzgebirge* verwandelt.

In der Tiefe arbeiteten die Bergleute unter großen Gefahren. Reichtümer erwarben sie dabei allerdings nicht. Die Schätze des Bodens gehörten nämlich den Herren des Landes, zum Beispiel einem Markgrafen von Meißen, der bald Otto der Reiche hieß.

Das winzige Christiansdorf, wo man den Stein mit dem «schönen Glanz» gefunden hatte, wuchs schnell zu einer bedeutenden Stadt heran. Hier, auf dem erzhaltigen Berg, stand es anfangs jedermann frei, nach Schätzen zu graben. Darum erhielt der Ort nun den Namen *Freiberg*. Die Stadt auf dem «freien Berg» bildete jahrhundertelang den Mittelpunkt des erzgebirgischen Bergbaus. Später erlangten Annaberg und Schneeberg ähnliche Bedeutung.

Inzwischen sind die Bodenschätze im Erzgebirge zum größten Teil erschöpft, und nur wenige Erzbergwerke sind heute noch in Betrieb. Dafür blühen dort andere Industriezweige auf.

Eisenhütten entstanden, in denen Metalle erschmolzen wurden

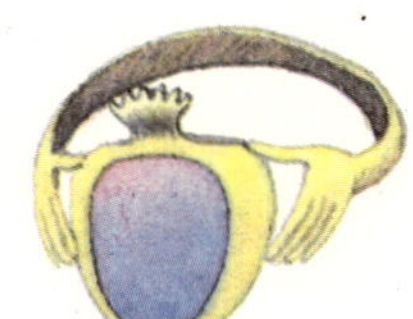

Ring aus dem Mittelalter

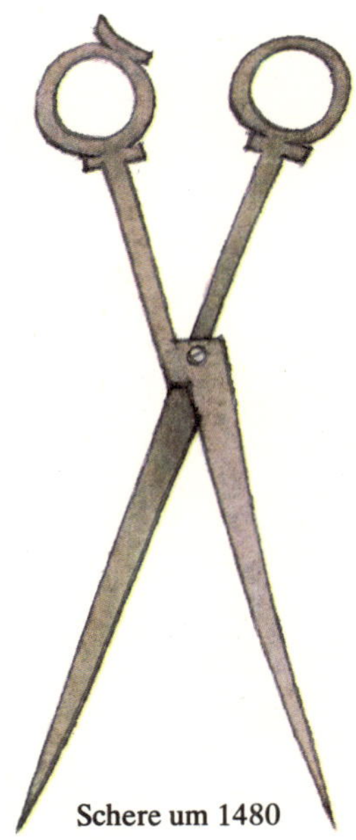

Schere um 1480

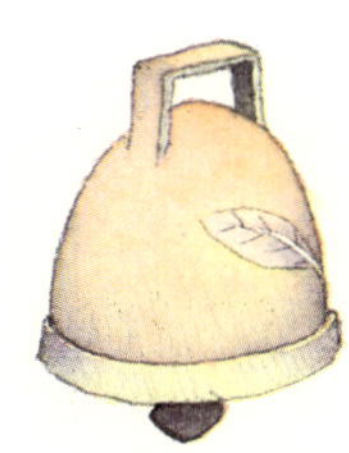

Mittelalterliche Glocke

Was ist ein Schlangenmensch?

Schlangenmenschen können wir im Varieté und im Zirkus bewundern. Solche Akrobaten heißen eigentlich Kontorsionisten. Der Name ist von einem lateinischen Wort abgeleitet, das soviel wie Verdrehung oder Verrenkung bedeutet. Und tatsächlich – ein Schlangenmensch kann seinen Körper in erstaunlicher Weise verbiegen, gerade so, als habe er Gelenke aus Gummi. Es gibt Kontorsionisten, die sich künstlich dick oder dünn machen oder zu einem handlichen Paket zusammenrollen können. Ein amerikanischer Artist namens Kingston wurde, verpackt in einer kleinen Teekiste, auf die Bühne getragen. Niemand hielt es für möglich, daß darin ein erwachsener Mensch Platz haben könne, bis der Deckel aufschlug, sich der Artist herauswand und sich dann wieder in die Kiste hineinzwängte.

Ein anderer Artist erregte vor rund 100 Jahren in Paris Aufsehen: Er ließ sich die Arme an den Handgelenken fesseln. Dann drehte er sie über seinen Kopf bis hinter seinen Rücken, indem er die Arme aus den Schultergelenken auskugelte. Schließlich stieg er durch die gefesselten Arme hindurch.

«Kautschuk»-Akrobatinnen beugen sich weit nach hinten, bis sie ihren Kopf durch die Beine schieben können. Oder sie liegen mit dem Kinn auf einem Tischchen, biegen den Rücken völlig durch, so daß es aussieht, als würden sie sich auf ihren eigenen Kopf setzen.

Ein englischer Artist, er hieß Clark, hatte die Fähigkeit, sein Gesicht völlig nach rückwärts zu wenden. Es sah geradezu erschreckend aus, wenn er den so verdrehten Kopf auch noch zwischen seinen Beinen vorschauen ließ.

Schlangenmenschen treten auch als Puppen verkleidet auf. Zwei Partner kommen hinzu und «spielen» mit der Puppe. Sie «verknoten» deren Gliedmaßen so, daß man nicht mehr weiß, wo bei ihr vorn und hinten, oben und unten ist. Das Publikum ist verblüfft, wenn am Ende der Darbietung die vermeintliche Gummipuppe ihre Maske abwirft und das Gesicht eines lebendigen Menschen zum Vorschein kommt.

Nicht alle Gelenkigkeitskunststücke wirken schön oder harmonisch. Doch sie sind ein Beispiel dafür, was Wille und ausdauernde Übung zu erreichen vermögen. Ein Schlangenmensch wird bereits im Kindesalter trainiert. Die Dehnungsübungen, die ihn derart gelenkig machen, gehen natürlich nicht ohne Anstrengungen und Schmerzen ab. Besonders hoch ist die Leistung zu werten, wenn der Akrobat während der Arbeit von seiner körperlichen Anspannung nichts zeigt, sondern – im Gegenteil – dem Publikum zulächelt.

Einer der bekanntesten Schlangenmenschen war der Londoner Artist Edward Klischnigg. Er lebte von 1813 bis 1877. Häufig trat er in einem Affenkostüm auf und galt als ein Wunder an Gelenkigkeit. Er verdiente mit seinen Darbietungen sehr viel Geld, das er aber ebenso schnell wieder ausgab. Eines Tages – er hatte keine einzige Münze mehr in der Tasche – gelang es ihm, in das Arbeitszimmer eines Varieté-Direktors vorzudringen. Der Direktor fertigte ihn kurz ab, er habe keine Verwendung für ihn. Tiefbetrübt verabschiedete sich Klischnigg und

Klischnigg – Akrobatinnen

kratzte sich enttäuscht mit dem rechten Fuß hinter dem Ohr. Dem Direktor fiel beinahe die Zigarre aus dem Mund. «Können Sie das noch mal machen?» Klischnigg kratzte sich nun mit dem linken Fuß hinter dem Ohr. Er bekam einen Vorschuß und einen Vertrag.

Welche Instrumente gehören zu einem Orchester?

So einfach läßt sich diese Frage gar nicht beantworten, weil es dafür zu viele – etwa zehn verschiedene – Orchesterbezeichnungen gibt. Da jeder Klangkörper, ob Kammerorchester oder Jazzorchester, seine ganz bestimmte Aufgabe zu erfüllen hat, verwendet er auch nur die zu ihm gehörenden Instrumente. In einem Jazzorchester hat die Geige nichts zu suchen, und ins Kammerorchester paßt kein Saxophon.

Was gehört denn nun zu wem? Bleiben wir bei den Orchestern, die schon eine lange Geschichte haben. Da ist als erstes das Streichorchester, das nur aus Streichinstrumenten, also aus Violine, Bratsche, Cello, Kontrabaß, besteht. Im Harmonieorchester sind alle Holz- und Blechblasinstrumente, von der Pikkoloflöte bis zum Waldhorn, vereinigt. Ähnlich ist das Blech- oder Messingorchester aufgebaut, nur daß dort, wie aus der Bezeichnung schon hervorgeht, die Holzblasinstrumente fehlen. Im Militärorchester spielen ebenfalls alle Blasinstrumente und zusätzlich die Schlaginstrumente, die Kleine und die Große Trommel, die Pauke, das Becken und der Triangel. Im kleinen Orchester spielen schon recht viele Instrumente zusammen, zum Beispiel die erste und zweite Violine, Bratsche, Cello, Kontrabaß, zwei Flöten, Oboen, Klarinetten, Fagotte, Hörner, Trompeten und Pauken. Kommen noch zwei Hörner und drei Posaunen hinzu, spricht man vom großen oder vollen Orchester, wie es zuerst Ludwig van Beethoven verwendet hat; es ist das eigentliche Sinfonieorchester.

Weil es auf keinem Gebiet unseres Lebens Stillstand gibt, haben sich auch die Musik und die Musikinstrumente fortentwickelt. So erweiterte sich das große Orchester, wurde sozusagen zum Riesenorchester mit neuen Instrumenten, wie z. B. Englischhorn, Baßklarinette, Kontrafagott, Baßtuba, Harfe, Lyra (Glockenspiel).

Einige Beispiele für die Beweglichkeit von Schlangenmenschen

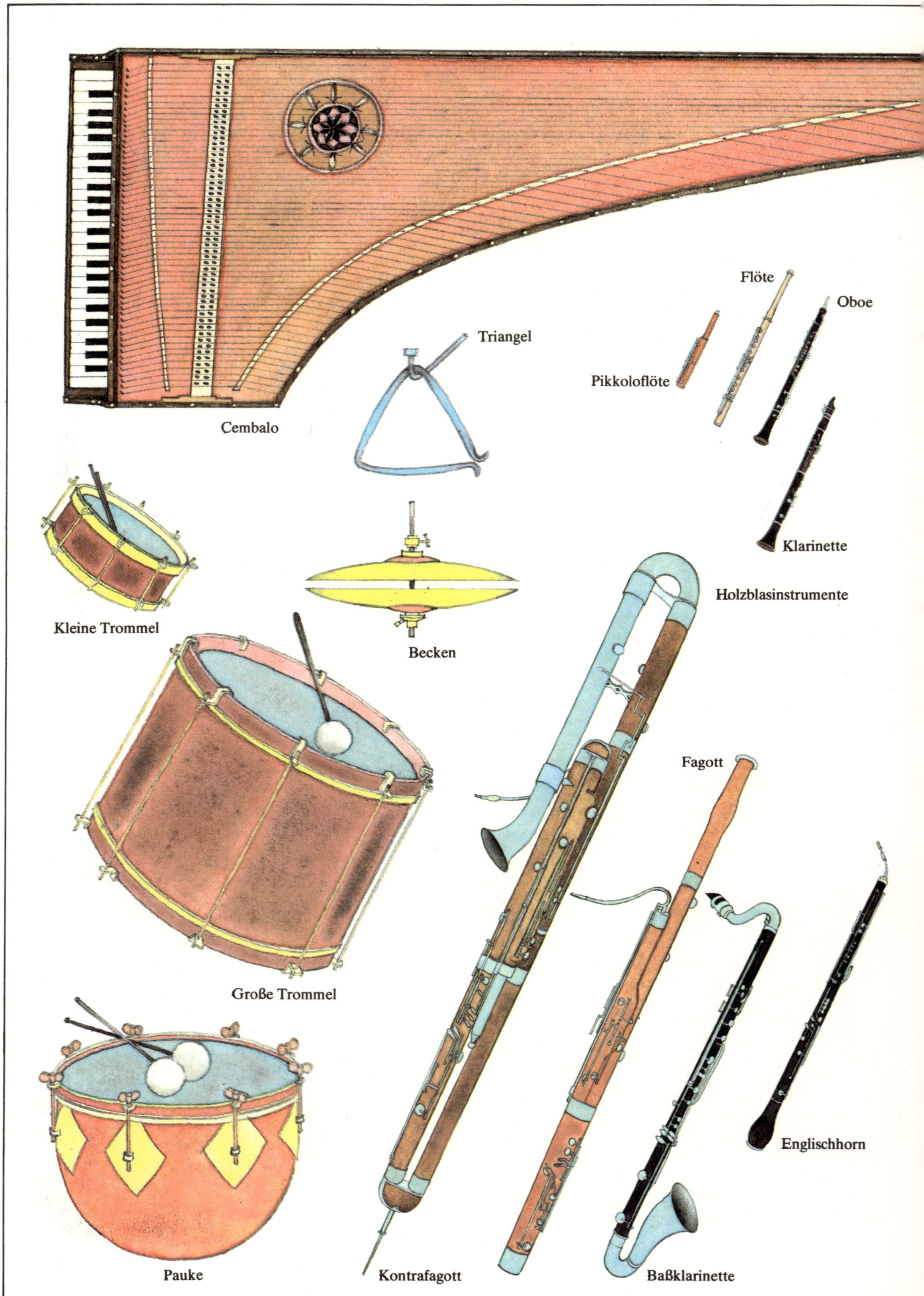
Cembalo
Triangel
Flöte
Oboe
Pikkoloflöte
Klarinette
Kleine Trommel
Becken
Holzblasinstrumente
Große Trommel
Fagott
Englischhorn
Pauke
Kontrafagott
Baßklarinette

Blechblasinstrumente
Posaune
Tuba
Trompete
Waldhorn
Harfe
Streichinstrumente
Kontrabaß
Violoncello
Violine
Viola

Partitur einer Arie von Mozart, komponiert 1770

Was ist eine Partitur?

Wart ihr schon mal in einem Konzert oder in einer Oper? Vielleicht habt ihr das bekannte musikalische Märchen für Kinder *Peter und der Wolf* von Prokofjew gehört. Dann werdet ihr sicherlich auch auf den Dirigenten geschaut und beobachtet haben, daß er während der Aufführung immer wieder auf Notenblätter sieht, die vor ihm liegen. Diese Notenblätter sind die Partitur. Ohne sie könnte der Dirigent ein Konzert oder eine Oper nicht zum Klingen bringen, also nicht dirigieren. Denn in der Partitur sind alle Instrumente, alle Chor- und Solostimmen, die in dem Musikwerk vorkommen, übersichtlich aufgezeichnet. Der Dirigent kann sie mit einem Blick überschauen.

Natürlich ist das Lesen von Partituren keine einfache Sache, da reicht es nicht aus, zu wissen, wie jede Note heißt; doch kann man auch dieses Lesen erlernen.

Nun spielen in einem Orchester ja viele Instrumente auf einmal, manche setzen später ein, andere machen eine Pause, zwischendurch singt der Chor oder ein Sänger. Und doch ist es immer ein Zusammenspiel, bei dem jeder Musiker, jeder Sänger weiß, was er zu tun hat. Denn der Dirigent gibt allen ein Zeichen für ihren Einsatz. Das ist eine sehr schwierige Arbeit, die viel Können, Konzentration und natürlich auch Begabung erfordert. Zugegeben, manchmal sieht es schon ein bißchen ulkig aus, wenn der Dirigent die Hände, Arme, ja den ganzen Körper bewegt, oftmals aber sind es nur Blicke, mit denen er ein ganzes Orchester leitet. Und all seine Bewegungen sind wichtig. Mit ihnen hebt er Stimmen und Instrumente hervor, hält andere zurück, bestimmt das Tempo, die Tonstärke und die vielen, vielen Zwischentöne.

Um dies zu können, braucht er die Partitur. In ihr stehen nämlich die einzelnen Instrumente und Stimmen untereinander geschrieben, und zwar in einer bestimmten Reihenfolge: Holzbläser, Blechbläser, Pauken – Schlagzeug,

Dirigent

Solo – Chor, Streicher. Takt für Takt ist also angegeben, welche Aufgaben die einzelnen Musiker und Sänger haben. Würde der Komponist keine Partitur anfertigen, wüßte der Dirigent nicht, wie alles zusammenklingen, wie sich ein gutes und richtiges Zusammenspiel anhören soll. Auch alle anderen Dinge, wie Tempo und Tonstärke, sind in der Partitur verzeichnet.

Warum springt ein Ball in die Höhe, wenn man ihn auf die Erde wirft?

Ein einfacher Versuch hilft uns, die Antwort zu finden.

Wir besorgen uns einen kleinen Ball und Knetmasse. Aus der Knete formen wir eine beliebig große Kugel. Zuerst lassen wir den Ball auf den Boden fallen. Natürlich springt er – wie erwartet – in die Höhe. Wir machen das gleiche mit der Kugel aus Knetmasse. Sie prallt auf und bleibt liegen. Wenn wir uns diesen Körper jetzt genau ansehen, entdecken wir, daß er verformt wurde. Er ist an der Aufschlagstelle nicht mehr kugelförmig, sondern abgeplattet. Der kleine Ball und die Kugel aus Knetmasse haben zwei völlig unterschiedliche Eigenschaften. Der Ball ist elastisch, die Knetkugel dagegen plastisch. Beide Körper lassen sich verformen, wenn eine Kraft auf sie einwirkt, etwa indem man einen schweren Körper auf sie legt, sie zwischen Daumen und Zeigefinger zusammendrückt oder gegen ein Hindernis prallen läßt – wie bei dem Versuch.

Bei einem plastischen Körper, der Kugel aus Knete, bleibt die Verformung bestehen, auch wenn die Kraft aufhört, auf ihn zu wirken. Ganz anders bei einem elastischen Körper. Er nimmt seine ursprüngliche Form sofort wieder an, wenn die verformende Kraft nicht mehr wirksam ist.

Als der Ball auf den Boden prallte, wurde auch er verformt; er war an der Aufschlagstelle für sehr kurze Zeit, für Bruchteile einer Se-

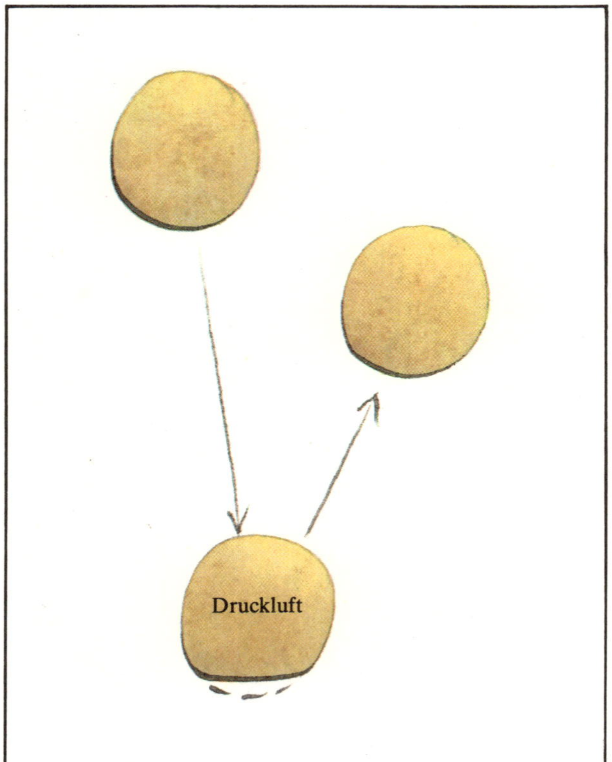

Aufprall eines elastischen Körpers

Aufprall eines plastischen Körpers

kunde, in ähnlicher Weise abgeplattet wie die Kugel aus Knetmasse. Doch der verformte Ball hat seine Kugelgestalt sofort zurückgewonnen. Das geschieht bei einem elastischen Körper mit großer Kraft. Bei dem kleinen Ball wirkte diese Kraft entgegengesetzt zur Fallrichtung. Die Folge: Der Ball fliegt nach oben.

Bälle sind elastisch, weil ihre biegsamen Hüllen unter Pumpendruck mit Luft gefüllt wurden. Die Luft wurde in die Hülle hineingepreßt. Sie hat gegenüber der Außenluft einen vielfach höheren Druck. Und Druckluft in einer festen, zugleich geschmeidigen Hülle ist sehr elastisch.

Warum kräht der Hahn früh am Morgen?

Ein Scherzwort sagt: Kräht der Hahn auf dem Mist, dann ändert sich das Wetter! Oder es bleibt, wie es ist!

Mit dem Wetter hat das Krähen der Hähne nicht sehr viel zu tun. Eher steht es mit dem Licht und der Jahreszeit im Zusammenhang. So krähen die Hähne im Frühjahr viel öfter als im Sommer oder gar im Herbst und Winter. Und sie krähen im Frühjahr auch viel zeitiger am Morgen. Woran liegt das?

Haushühner sind Vögel, und Vögel beginnen im Frühjahr zu singen. Es hört sich schön an, wenn eine Nachtigall oder eine Amsel singt. Es klingt ulkig beim Raben oder bei der Krähe, und merkwürdig ist der Gesang des Stars. Darin sind sehr oft viele Töne anderer Vögel und manchmal sogar Geräusche, wie sie Maschinen oder quietschende Straßenbahnen verursachen. Wir sagen: Der Star spottet.

Nun wird man fragen, was denn das Krähen des Haushahnes mit dem Gesang der Stare und Nachtigallen zu tun hat. Sehr viel. Das Krähen ist nämlich der Gesang des Hahnes. Es hat die gleiche Bedeutung wie die Strophen der Nachtigall. Die Vögel singen nicht, um uns Menschen zu erfreuen oder – wie beim Hahn – um uns zu wecken. Ihr Gesang ist ihnen angeboren. Zu gewissen Zeiten müssen sie singen. Mit dem Gesang zeigen die Vogelmännchen ihren Revierbesitz an. Die Vogelweibchen singen nicht. Jedes Vogelpaar braucht eine gewisse Reviergröße, also ein Waldstück, eine Wiese oder den Teil eines Gartens, um dort genügend Nahrung

Tiere markieren in unterschiedlicher Art und Weise ihr Revier: Vogelmännchen mit ihrem Gesang

Der Hahn durch sein Krähen

Der Fuchs setzt Duftmarken

Wir Menschen zeigen mit dem Namensschild an, wem die Wohnung gehört

für sich und die Jungen zu finden. Jedes erwachsene Singvogelmännchen verkündet seinen Revierbesitz im Frühjahr durch seinen arteigenen angeborenen Gesang. Damit schreckt er andere Männchen seiner Art ab und lockt ein arteigenes Weibchen herbei. Auch Vögel, die zu Tausenden in großen Gesellschaften nisten, wie unsere Sturmmöwen auf den Seevogelinseln der Ostsee, haben in diesen großen Kolonien ihre Nestreviere, in denen die Männchen «singen».

So wie bei Möwen, Nachtigallen und anderen Vögeln die Männchen ihr Revier durch entsprechende Laute kennzeichnen, zeigt der Haushahn sein Revier durch Krähen an. Vogelgesang wird jeweils nur von Vertretern einer Art verstanden. Eine Möwe versteht das Krähen des Hahnes nicht, und dieser hat keine Empfindung für das Lied der Nachtigall. Das Hahnenkrähen wird von anderen Haushähnen und Haushühnern verstanden. Sind mehrere Hähne auf anderen Hühnerhöfen in der Nachbarschaft, so krähen sie heftig um die Wette. Jeder demonstriert: Hier bin ich, dieser Platz ist besetzt! Das Krähen ist jahreszeitlich bedingt und im Frühjahr am stärksten. Dann ist nämlich die Fortpflanzungszeit der Hühner. Sie brauchen in dieser Zeit viel Nahrung, um sich durch die Balz zu verpaaren, Eier zu legen, Nester zu bauen, die Jungen auszubrüten und zu führen. Sie müssen daher den Tag so früh wie möglich beginnen.

Weshalb träumt man im Schlaf?

Jeder hat schon einmal geträumt. Manchmal erleben wir im Traum aufregende Abenteuer, klettern an Abgründen oder müssen einen großen Fluß durchschwimmen. Ein anderer häufiger Trauminhalt sind Prüfungs- oder Wettkampfängste. Wir können aber auch von einem guten Essen, von Reisen in fremde Länder oder sogar von einer Expedition ins Weltall träumen. Kein Wunder, daß sich die Menschen seit alters über Ursache und Bedeutung von Träumen Gedanken gemacht haben.

Lange Zeit glaubte man, Träume sagten etwas voraus, Könige und Heerführer ließen deshalb oft ihre Träume durch Priester und Wahrsager ausdeuten, um dadurch Hinweise für ihr Handeln zu erhalten. Manche Menschen glauben sogar heute noch ein wenig daran, daß man aus dem Inhalt der Träume in der Weihnachtszeit oder der ersten Nacht in einer neuen Wohnung die Zukunft ablesen kann. Das ist natürlich abergläubischer Unsinn.

Träumen ist eine ganz normale Erscheinung, die auf einer bestimmten Tätigkeit unseres Gehirns während des Schlafes beruht. Die Hirnzellen sind nämlich auch während dieser Zeit nicht völlig abgeschaltet. Das wurde durch spezielle Geräte zur Messung der Hirnströme nachgewiesen. Während des Schlafes werden Eindrücke und Erlebnisse, die wir im Wachzustand hatten, verarbeitet. Dabei vermischen sich Erinnerungen und Nachwirkungen tatsächlicher Ereignisse mit Phantasien und Wunschvorstellungen. Unsere Träume stehen also in Verbindung mit dem, was wir erleben und anstreben; aber sie sind keine unmittelbare Wirklichkeit und erst recht kein Abbild der Zukunft. An vieles kann man sich nach dem Erwachen nur noch ungenau oder überhaupt nicht mehr erinnern.

Der Mensch träumt nur in bestimmten Phasen des Schlafes, vor allem in der zwischen Wachen und Schlafen sowie kurz vor dem Aufwachen. Besonders gefördert werden Träume durch starke Erlebnisse vor dem Schlafengehen, aber auch durch bestimmte Sinneseindrücke in der Einschlafphase. So kann zum Beispiel ein kalter Luftzug bewirken, daß man von einem Schneesturm träumt. Durstgefühl während des Schlafes kann ein Traumerlebnis im heißen Wüstensand auslösen.

Träumen ist übrigens kein Zeichen für Nervosität, sondern im Gegenteil ein Zeichen für Wohlbefinden und richtiges Funktionieren unseres Gehirns. Völlig zu Recht wünscht man deshalb einem befreundeten Menschen: Schlafe gut und träume schön!

Wünsche ...

... die sich im Traum erfüllen

Wird Fußball schon immer so wie heute gespielt?

Den Fußballsport, wie wir ihn heute kennen und lieben, gibt es seit über 100 Jahren. Doch weitaus früher schon, vor mehr als 2000 Jahren, vergnügten sich die Chinesen an einem Spiel, das sie Tsu Chu nannten. Auch dabei ging es um einen Ball aus Leder. Die Griechen spielten Episkyros, die Römer nannten ihr Ballspiel Harpastum.

Diese Spiele waren Anfänge unseres Fußballspiels. Feste Regeln kannte man noch nicht.

Auch im Mittelalter jagten junge Leute in Italien, Frankreich und vor allem in England einem Ball nach, der aus einer mit Luft gefüllten Schweinsblase und einer Lederhülle bestand. Diese Art des Zeitvertreibs war bei vielen Leuten jedoch nicht beliebt – weil sie um ihre Häuser fürchteten. Die Spieler trieben den Ball, sich raufend und schlagend, durch die Straßen, und mancher Bürger verkleidete die Fenster seines Hauses vorsorglich mit festen Holzbeschlägen.

Dieses Spiel fand immer mehr Anhänger, bis der englische König Eduard II. im Jahre 1314 durch den Bürgermeister von London einen Erlaß verkünden ließ: «Weil der Lärm in unserer guten Stadt überhandgenommen hat, den das Stoßen der großen Bälle verursacht und von dem unseren guten Untertanen viel Böses erwachsen könnte, was Gott verhüten möge, befehlen wir und verbieten im Namen unseres Königs das Spiel für alle Zukunft, widrigenfalls Haft verhängt werden muß.» Doch allen Verboten zum Trotz nahm die Begeisterung für das Fußballspiel weiter zu. Aus dem 15. Jahrhundert ist uns sogar eine Spielbeschreibung überliefert. Die Regeln sahen vor, daß zwei Mannschaften um einen Ball kämpfen. Auch Tore, aus zwei Stöcken gebildet, stellte man auf. In der Beschreibung heißt es allerdings auch: «Wenn dieses Spiel besonders gewalttätig wird, treten sich die Spieler ohne vorherige Warnung gegenseitig in die Schienbeine, und manche werden unter Gefahr für ihre Gliedmaßen zu Boden geworfen.»

Allmählich wurden die Spiele jedoch sport-

Wie es beim Fußballspielen nicht zugehen sollte

licher und fairer ausgetragen, so daß die königlichen Verbote fallen mußten. In der ersten Hälfte des vorigen Jahrhunderts trieb man vor allem an den großen bürgerlichen Schulen Englands mehr und mehr Sport. In dieser Zeit entstanden an Schulen und Universitäten, später auch in Industriestädten, Vereine und Klubs, darunter im Jahre 1863 der Fußballverband.

Er stellte feste Regeln für das Spiel und Satzungen für die Mitglieder auf.

Eine Fußballelf bestand damals aus einem Torwart, einem Verteidiger, einem Läufer und acht Stürmern. Gespielt werden durfte auch mit den Händen. Die Fußballbekleidung – so wollte es die Ordnung – verdeckte alles Nackte. Nur allmählich wurden die langen Kniehosen kürzer, und man trug spezielle Fußballschuhe.

1872 fand das erste Länderspiel zwischen England und Schottland statt. Es endete unentschieden 0:0. Immer mehr Menschen begeisterten sich für das Fußballspiel, nicht nur in England, sondern in ganz Europa.

Um die Jahrhundertwende gab es feste, überschaubare Regeln, die – abgesehen von wenigen Veränderungen – bis zum heutigen Tage gelten. Schon 1900 stritten die Fußballer bei den Olympischen Spielen von Paris um Medaillen. Die erste Fußballweltmeisterschaft fand 1930 in Uruguay statt.

Was versteht man unter einem Piktogramm?

So bezeichnet man die bildliche Darstellung von Gedanken, Hinweisen oder Verboten. Durch Piktogramme kann man sich rasch informieren, wo man zum Beispiel in einem Gebäude oder Gelände den Eingang, den Ausgang, das Telefon, den Fahrkartenschalter, die Information, die Platzreservierung, das Postamt, die Gaststätte, das Café, die Gepäckaufbewahrung, die Toilette und vieles andere mehr findet. Piktogramme können uns aber auch sagen, daß beispielsweise nicht geraucht werden darf.

Da diese «Bilderschriften» von allen verstanden werden, sind sie vor allem auch für ausländische Besucher, die der Landessprache nicht mächtig sind, eine große Hilfe, sich zurechtzufinden.

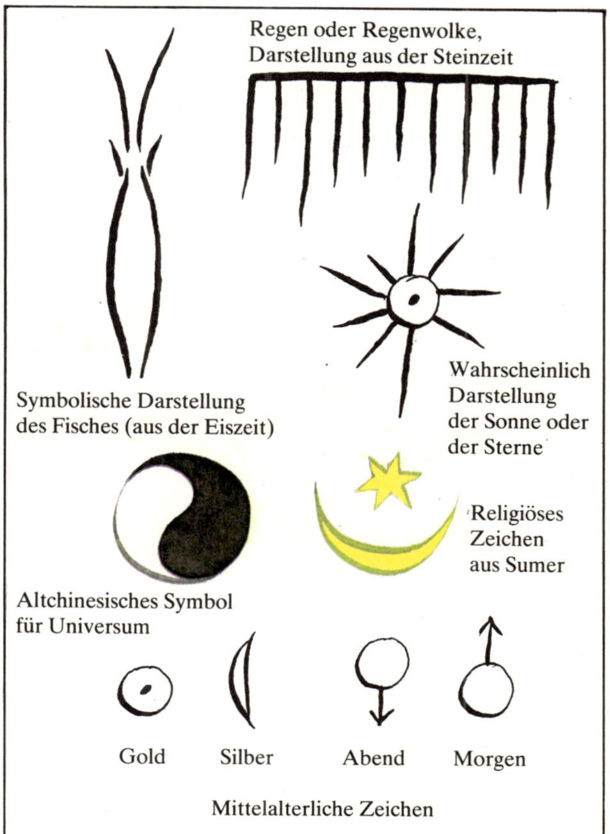

Bildhafte Deutung eines Sprichwortes des Stammes der Ewe: Was gefunden ist, gehört nicht ohne weiteres mir!

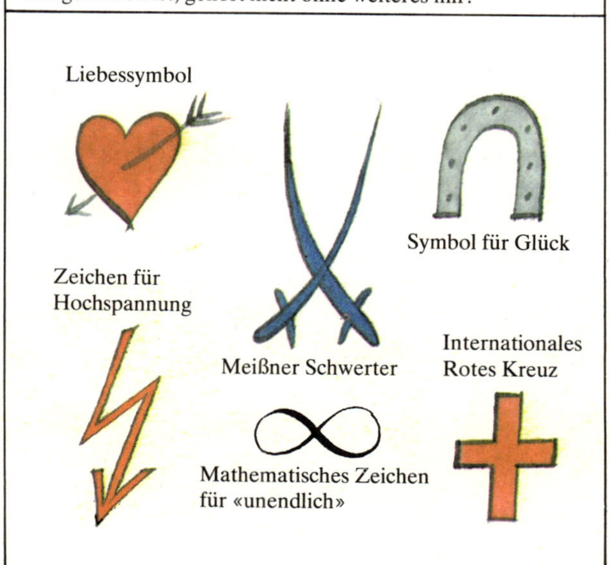

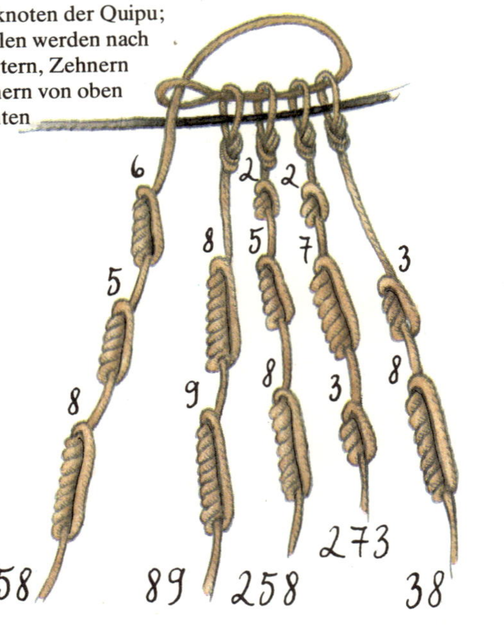

Zahlenknoten der Quipu; die Zahlen werden nach Hundertern, Zehnern und Einern von oben nach unten addiert

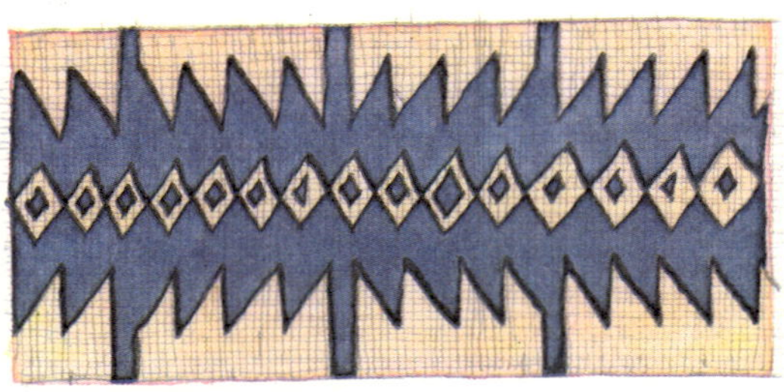

Wampumgürtel der Irokesen

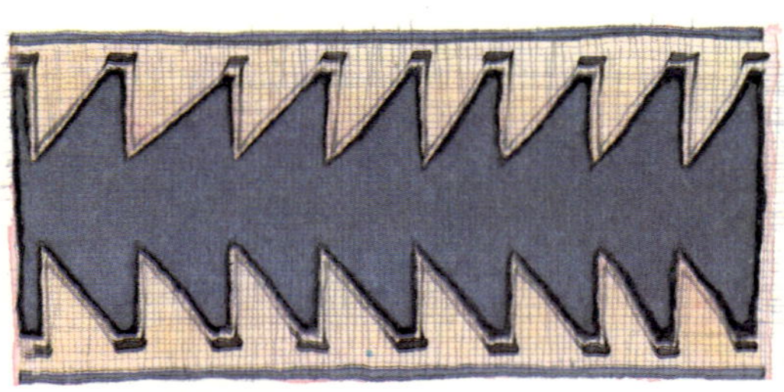

Wampumgürtel der Onondaga

Aus einer Streitschrift zur Verbreitung des Christentums in Südamerika, um 1750

Warum macht man sich einen Knoten ins Taschentuch, wenn man etwas nicht vergessen will?

Wer anderen einen Auftrag erteilt und will, daß der ihn nicht vergißt, sagt häufig: «Mach dir einen Knoten ins Taschentuch!»

Der Knoten im Taschentuch, gedacht als eine Gedächtnisstütze, hat seinen Ursprung in einem Verständigungsmittel, das Menschen benutzten, die noch keine Schreibschrift kannten. Um Nachrichten übermitteln zu können, entwickelten einige Indianerstämme, darunter die Ureinwohner des heutigen Peru in Südamerika, eine Knotenschrift, Quipu genannt. Natürlich benutzten sie dazu keine Taschentücher – die gab es damals noch nicht –, sondern einen dicken Strick. An ihn wurden verschieden lange, gefärbte dünne Fäden geknotet, die wie Fransen an der Hauptschnur hingen. Die Anzahl der Knoten eines Fadens, dessen Farbe, Stärke und unterschiedliche Länge sowie die Art, wie er mit anderen Fäden verknotet oder verschlungen war, das bestimmte seine Bedeutung. Ein schwarzer Knoten verkündete Tod, ein weißer Frieden, Rot war die Farbe für Gefahr oder Krieg. Ungefärbte Fäden verwendete man für Zahlen. Einfache, doppelte oder dreifache Knoten standen für Zehner, Hunderter oder Tausender.

Diese Schrift zu «lesen» oder mit Knoten selbst zu «schreiben» erforderte Geschick und mußte genauso gewissenhaft erlernt werden, wie wir uns heute das Alphabet unserer Schreibschrift aneignen.

Verschiedene Indianerstämme Nordamerikas ersetzten die Knotenstränge durch Gürtel, Wampum genannt, auf denen neben Knoten auch Perlen und Seemuscheln in bestimmter Weise aufgereiht waren. Mit solchen Wampumgürteln überbrachten Abgesandte beispielsweise Friedensangebote und Kriegserklärungen, Einladungen zu Festen oder Rechnungen – vorausgesetzt, der andere Stamm war dieser «Schrift» gleichfalls kundig.

Diese bunten Wampumgürtel und die Knotenstränge dienten dem Menschen außerdem als Gedächtnisstütze, sie waren Vorläufer unserer Notizbücher. Vor allem beim Zählen der Viehherden, beim Abfüllen von Getreide oder

Mehl benutzte man solche Hilfsmittel, um sich die Ergebnisse besser merken zu können.

Wie man allerdings bei uns in Europa dazu kam, einen Knoten ins Taschentuch zu machen, wenn man an etwas erinnert werden wollte, das ist uns nicht überliefert worden.

Was ist ein Wigwam?

Als Wigwam bezeichnet man die Hütten und Zelte der Indianer. Diese Bezeichnung geht auf die Algonkin-Indianer zurück, die ihre Zelte mit gewölbtem Dach so nannten.

Wigwam

Seit wann gibt es Automaten?

Unter Automaten versteht man heute in erster Linie solche Maschinen für die Produktion, die mehrere aufeinanderfolgende oder gar alle Arbeitsgänge selbsttätig ausführen. So entstehen zum Beispiel Glühlampen. Eine Maschine hängt den Glühfaden auf das Gestell, führt dieses in den Glaskolben, setzt die Lampenfassung auf, verlötet die Kontaktplatte, nachdem sie das Lampeninnere luftleer gepumpt und ein Schutzgas eingeblasen hat.

Auch Milch-, Bier- und Brauseflaschen werden automatisch gefüllt, verschlossen, gezählt und in Transportkästen gestellt.

Selbsttätig arbeitende Apparate gab es bereits vor mehr als 2000 Jahren im damaligen Griechenland. Allerdings waren das keine Geräte, die sich für die Herstellung von Gegenständen einsetzen ließen. Es handelte sich vorwiegend um Spielzeuge, von meisterhaften Feinschlossern, Mechaniker genannt, erdacht und gebaut. Um den Betrachter zu verblüffen oder zu belustigen, bauten sie tier- und menschenähnliche Automaten, die durch Federn, welche im Innern verborgen waren, oder durch ablaufende Gewichte in Gang gesetzt wurden. Dadurch konnten die Figuren eine Reihe von Bewegungen oder kleinen Tätigkeiten ausführen. Berichtet wird von einer fliegenden hölzernen Taube und einer kriechenden Schnecke.

Ein Mechaniker namens Albertus Magnus fertigte einen menschenähnlichen Automaten, welcher die Tür öffnete und die Eintretenden grüßte. Regiomontanus, ein anderer Meister, erfand vor rund 500 Jahren eine laufende Fliege und schuf einen Adler, der den Kaiser Maximilian bei seinem Einzug in Nürnberg mit Flügelschlag und Kopfbewegungen grüßte. In jener Zeit, in der auch die Taschenuhr durch Peter Henlein erfunden wurde, baute man automatische Figuren, die Zimbeln, Pauken und Lauten schlugen, Gewehre abfeuerten, kegelten und tanzten. Es gab Wagen, die ohne Pferde

Weihwasserautomat von dem griechischen Mathematiker und Techniker Heron; er lebte etwa 100 v. u. Z.

Diese künstliche Ente von Vaucanson (1738) schwamm, watschelte und fraß Körner, die sie scheinbar auch verdaute

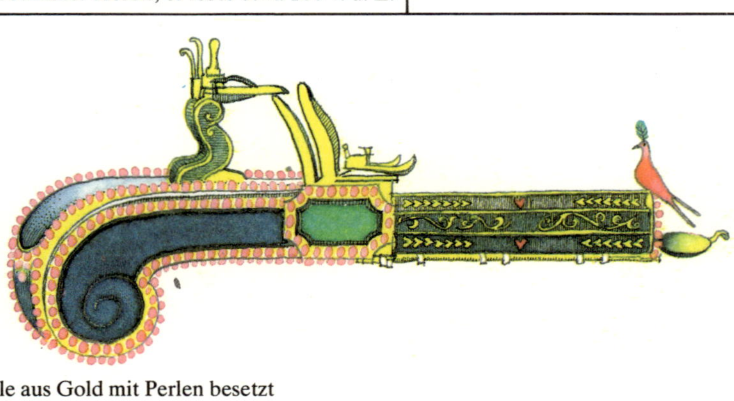

Wenn man den Hahn spannte, fiel die Klappe am vorderen Ende des Laufs herunter, und ein Vogel kam heraus. Er bewegte die Flügel und pfiff ein Lied.

Pistole aus Gold mit Perlen besetzt

fuhren, künstliche singende Vögel, sprechende Puppen und Turmuhren, bei denen jeweils zur vollen Stunde die Figuren der 12 Apostel erschienen.

Doch zurück zu den Anfängen, zu den ersten Automaten. Der berühmteste Automatenbauer jener Zeit lebte vor mehr als 2000 Jahren in Griechenland und hieß Heron von Alexandria. Er war Mathematiker, Techniker und dachte sich alle möglichen mit Hebeln, Walzen und Rädern ausgestatteten technischen Spielzeuge und Automaten aus. Unter anderem konstruierte er einen Weihwasserautomaten, der in einem Tempel aufgestellt wurde. Begehrte jemand geweihtes Wasser, so mußte er eine 5-Drachmen-Münze durch einen Schlitz werfen. Die Münze hatte eine Masse von etwa 18 Gramm; ihre Gewichtskraft löste die Automatik aus: Die Münze fiel auf eine kleine Platte, die am Ende eines Hebelarmes befestigt war, drückte sie nieder und glitt an der nun schräg stehenden Platte in die Opferkasse. Für diese kurze Zeit öffnete der Hebel ein Ventil, und eine gewisse Menge an Weihwasser floß in ein bereitgehaltenes Gefäß.

Heron baute auch ein automatisches Theater. Die Figuren wurden durch Räderwerke und Seilzüge nacheinander in Bewegung gesetzt. Als Antriebskraft dienten schwere Massenstücke, die an Schnüren hingen und auf Rollen und Hebel wirkten. Herons Theater führte ein Drama in fünf Akten vor. Im ersten Akt arbeiteten Griechen an Schiffsrümpfen. Im Hintergrund sägten und hämmerten Schiffsbauer. Im zweiten Akt liefen Schiffe vom Stapel. Dann fuhren sie auf See, und neben ihnen tauchten Delphine auf und unter. Im vierten und fünften Akt kam es zu einer Katastrophe: Das Schiff ging im Sturm unter. Ein Schiffbrüchiger versuchte an Land zu schwimmen. Doch da erschien eine zornige Göttin und schleuderte Blitze auf den Ertrinkenden. Eine Donnermaschine erzeugte heftigen Gewitterlärm, während der Schwimmer in den Fluten versank.

Automatischer Vogel

Schreibender Automat von Pierre Jaquet Droz aus dem Jahre 1760

Wer war Hodscha Nasreddin?

Hodscha Nasreddin? Ist das nicht der, von dem erzählt wird, er hätte einen Koch mit dem Klang des Geldes bezahlt? Der, beim Überklettern der Mauer eines fremden Gartens erwischt und gefragt, was er dort suche, zur Antwort gab: «Ich verkaufe eine Leiter!»

Woran erinnert diese Art Witz und Schlagfertigkeit? Richtig, sie erinnert an Till Eulenspiegel. Hodscha Nasreddin wurde häufig als der türkische Eulenspiegel bezeichnet. Lange stritten die Gelehrten, ob es ihn wirklich gegeben habe, und wann er auf Erden gewandelt sei. Heute scheint gesichert, daß er von 1208 bis 1284 oder 1285 lebte und daß er in Akşehir in der Türkei begraben liegt. Dort veranstaltet man ihm zu Ehren und den Besuchern zur Freude alljährlich ein Nasreddin-Festival. Doch so wenig von seiner Biografie überliefert ist, so zahlreich sind die Geschichten über ihn. Ob wirklich alles passiert ist, was sie berichten, läßt sich nicht mit Gewißheit feststellen. Die ersten gedruckten Bücher gab es in der Türkei im 19. Jahrhundert. Davor wurden Nasreddins Streiche und Possen rund 700 Jahre lang münd-

Hodscha Nasreddin

lich weitergegeben oder nur handschriftlich festgehalten. So konnte jeder ihren Sinn verändern oder auch ganz neue erfinden, die dann dem berühmten Schalk zugeschrieben wurden. Nicht nur die Türken lachen über die Geschichten von Nasreddin, sondern auch ihre Nachbarvölker; die Schwänke und Anekdoten wanderten um die ganze Welt.

Das türkische Wort *Hodscha* bedeutet *Lehrer, Geistlicher* oder *Meister*. Hodscha Nasreddin soll – wie auch sein Vater – ein Imam gewesen sein, ein Vorbeter in der Moschee, dem Gotteshaus der islamischen Religion. Wie es heißt, rief er in einer seiner Predigten die Gläubigen auf, Gott zu danken, daß er den Kamelen keine Flügel gegeben habe. «Denn», so fuhr er fort, «könnten die Kamele fliegen, sie würden sich auf den Dächern eurer Häuser niederlassen, und was sollte dann aus euch werden?»

Das war eine ungewohnte Art zu predigen, und nicht alle hörten mit Vergnügen zu. Die Vorschriften des islamischen Glaubens waren streng; wer sie nicht ernst nahm, wurde hart bestraft. Den Priestern mißfielen die freimütigen Scherze des Meisters. Die mächtigen Sultane sahen sich durch sie in ihrem Wohlleben gestört. Deutlich war da von Hunger und Mangel die Rede, deutlich trat die Kluft zwischen den prächtigen Palästen der Herrscher und der Armut ihrer Untertanen zutage. In manchen der Geschichten erscheint Nasreddin als Kadi, als Richter. Sein Spruch verhilft denen, die im wirklichen Leben zurückstehen müssen, zu ihrem Recht. Reiche Geizhälse gab er dem Gelächter preis, tyrannische Machthaber besiegte sein Witz. Heuchelei und Bestechlichkeit hatten von ihm nichts Gutes zu erwarten. Mit Weisheit und Humor rückte er menschlicher Dummheit und veralteten Sitten zu Leibe.

Einigen der Anekdoten ist anzumerken, daß die Herrschenden sie in Umlauf gesetzt haben, um Nasreddins Beliebtheit für ihre Zwecke zu nutzen. Der Meister tritt darin als gehorsamer Diener der Obrigkeit auf. Aber wer sich auf den Märkten und in den Gaststätten und Herbergen umhört und die alten Handschriften studiert, findet andere Geschichten. Aus ihnen spricht die Not der einfachen Leute, ihre Klugheit und ihr Selbstbewußtsein, vor allem aber ihre Liebe zu Hodscha Nasreddin, dem Schelm und Weisen.

Welche Saurier gab es, und wie sahen sie aus?

Als Saurier bezeichnet man einige Gruppen von Kriechtieren, die inzwischen ausgestorben sind. Sie lebten im Erdmittelalter vor etwa 200 bis 100 Millionen Jahren; also zu einer Zeit, als es den Menschen noch nicht gab.

Die ältesten Arten waren Bewohner der Sümpfe und von molchähnlicher Gestalt. Allmählich entwickelten sich hieraus sehr verschiedenartige Saurierformen, die sich den Lebensräumen Wasser, Luft oder Land anpaßten. Viele Saurier hatten ein ungewöhnliches Aussehen, manche erreichten riesenhafte Ausmaße.

Die *Ichthyosaurier* waren in ihrer Körperform den Fischen und Delphinen ähnlich. Das läßt auf wendige Schwimmer schließen. Andere Saurier, die im Meer lebten, ähnelten den heutigen Krokodilen. Im flachen Wasser des Küstenbereiches lebten die *Plesiosaurier* mit ihren paddelförmigen Gliedmaßen, dem langen Hals und dem kleinen Kopf.

Von den Sauriern, die sich als Landtiere in den Sumpfwäldern oder in den Trockengebieten des Festlandes aufhielten, sind uns viele Arten bekannt. Einige von ihnen waren harmlose Pflanzenfresser, andere gefräßige Räuber. Man erkennt das an den ausgegrabenen Überresten dieser Tiere, vor allem am Gebiß und an der Gestalt ihrer Beine.

Unter den landbewohnenden Sauriern gab es auch einige Riesenformen. So zum Beispiel den *Tyrannosaurus*, einen etwa 10 Meter langen und 5 Meter hohen Räuber mit messerscharfen Zähnen, der, auf den wesentlich größeren Hinterbeinen laufend, seiner Beute nachjagte. Noch größer waren die *Brachiosaurier*. Die Überreste eines dieser Tiere wurden in Ostafrika ausgegraben. Im Berliner Naturkundemuseum kann man ein ganzes Skelett des Brachiosaurus bestaunen, das man in jahrzehntelanger mühevoller Arbeit wieder zusammengesetzt hat. Mit 22 Meter Länge und 12 Meter Höhe war er das größte bisher bekannte Landtier überhaupt. Zu Lebzeiten wog der Riese etwa 40 Tonnen, soviel wie 12 Elefanten. Die Brachiosaurier lebten als Pflanzenfresser in der Uferregion von Sümpfen, Seen und Meereslagunen, wo das Wasser ihren schweren Körper tragen half. Andere Landsaurier ähnelten in Körperbau und Fortbewe-

Ancylosaurus / 4 bis 5 m

Ichthyosaurus / 3 m

Tarbosaurus batar

Stegosaurus / 6 bis 9 m

Triceratops / 6,5 m

Plesiosaurus / 3 m

Flugsaurus / 0,5 m

Edaphosaurus / 3 m

Longisquama / 0,15 m

ang, 6 m hoch

Diplodocus carnegii / 30 m

gung den heute lebenden großen Laufvögeln, wie dem Strauß.

Flugfähige Echsen waren die *Pterosaurier*. Als Bewohner der Lüfte hatten sie stark verlängerte, gut bewegliche Vordergliedmaßen mit Flughäuten. Ihre Knochen waren hohl, luftgefüllt und daher sehr leicht. Die meisten besaßen noch den für die Kriechtiere typischen langen Schwanz, einige aber schon einen kurzen Steißknochen wie unsere Vögel heute.

Neben kleinen, drossel- bis entengroßen Formen gab es unter den Flugsauriern auch Riesen mit einer Flügelspannweite bis zu 8 Metern.

Was bedeutet synchronisieren?

Es ist selbstverständlich geworden, daß wir jedes Jahr in den Kinos oder im Fernsehen Filme aus vielen Ländern der Welt betrachten können. Diese Filme wurden in der jeweiligen Landessprache gedreht. Damit auch wir das gesprochene Wort verstehen können, werden die Filme synchronisiert. Das bedeutet, sie erhalten bei uns einen deutschen (bzw. in Ungarn einen ungarischen) Text, der synchron – zeitgleich – auf ein Tonband gesprochen und mit dem Bildablauf gekoppelt wird.

Das Synchronisieren verlangt größte Genauigkeit: Die Texte müssen eine ganz bestimmte Länge haben, und das gesprochene Wort muß mit den Mundbewegungen des gefilmten Schauspielers weitestgehend übereinstimmen. Und natürlich muß der Inhalt der Worte zu dem passen, was auf der Leinwand geschieht.

Können Delphine denken?

Das ist eine Frage, die nicht einfach mit Ja oder Nein zu beantworten ist, weil es verschiedene Formen des Denkens gibt. Bereits im Tierreich, aus dem sich der Mensch entwickelt hat, sind die Voraussetzungen für das menschliche Denken entstanden. Wir denken mit den Worten unse-

Delphine tragen einen kranken Artgenossen an die Oberfläche

rer Sprache, benennen die Dinge um uns, bilden Sätze, können etwas ausrufen, beschreiben oder fragen. Wir vermögen Zusammenhänge zu begreifen, Urteile zu bilden und Schlußfolgerungen zu ziehen. So können Tiere nicht denken, und Delphine bilden da keine Ausnahme.

Tiere werden vom Instinkt geleitet, das heißt von angeborenen Verhaltensweisen. Wer von ihnen über ein großes und gut entwickeltes Gehirn verfügt, zum Beispiel manche Affen und auch Delphine, ist darüber hinaus imstande, in einer einfachen Weise zu denken. Diese Tiere denken gegenständlich oder bildhaft und machen sich gegenseitig durch Laute und Bewegungen auf etwas aufmerksam: Sie reagieren auf Reize. Ein solcher Reiz kann für Delphine ein Fischschwarm sein. Sie verständigen sich dann untereinander vielleicht so: Achtung – Nahrung – viel – ganz nahe.

Nur durch Versuche ist festzustellen, ob und wie gut Tiere denken können. Auch ihre Lernleistungen geben uns darüber Auskunft. Delphine lernen sehr gut. Es ist ganz erstaunlich, welche Kunststücke dressierte Delphine fertigbringen. Doch ihre erlernten Dressurleistungen müssen nicht gleichzeitig Denkleistungen sein, denn Dressurleistungen leiten sich hauptsächlich vom natürlichen Verhalten der Tiere ab. Manchmal sind Delphine nicht in der Lage, scheinbar ganz einfache Forderungen zu erfüllen. An einen Pfahl gebunden, verwickeln sie sich lebensgefährlich, weil sie nicht erkennen, daß sie sich, andersherum schwimmend, wieder befreien könnten. Oder: Wenn die Delphine beim Fang mit Netzen eingezingelt werden, so könnten sie diese mit Leichtigkeit überspringen. Aber zu dieser Denkleistung sind die Tiere nicht imstande.

Die Delphine gehören zu den Meeressäugetieren und zählen ungefähr 45 verschiedene Arten. Sie sind unterschiedlich intelligent. Sehr gut läßt sich in Gefangenschaft der Große Tümmler dressieren. Doch ein gut abgerichteter Schäferhund oder gar ein Schimpanse vollbringen weit bessere Leistungen. Das große, gut entwickelte Gehirn der Delphine ist an die Bedürfnisse des Wasserlebens angepaßt. Besonders ausgebildet ist das Gehör, das für die Orientierung des Tieres im Wasser Außerordentliches leistet. Mit Hilfe von Lautsignalen verständigen sich die Tiere untereinander.

Dressierter Delphin

Delphine und Fische unterscheiden sich auch in Bau und Stellung der Schwanzflosse

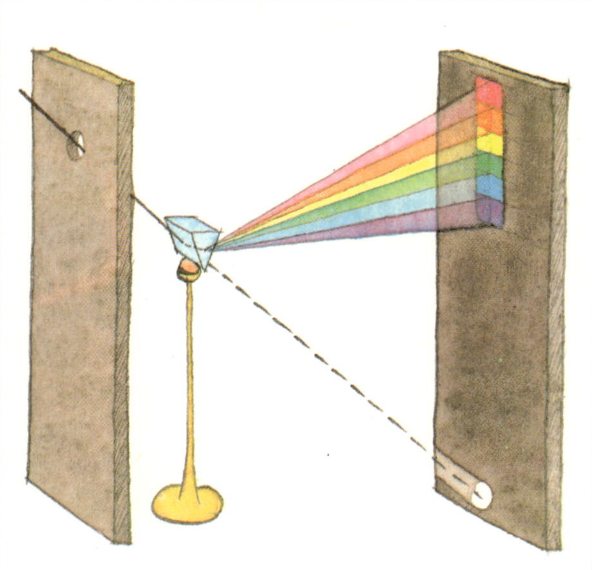

Spektroskop; es zerlegt weißes Licht in die Regenbogenfarben

Isaac Newton (1643–1727)

Wie entsteht ein Regenbogen?

Nach einem Regenguß sehen wir manchmal einen schönen Regenbogen am Himmel. Wer das schon oft beobachtet und sich die Reihenfolge der Farbstreifen gemerkt hat, dem wird aufgefallen sein, daß sie immer die gleiche ist. Innen liegt ein violetter Streifen. Darauf folgen Blau, Grün, Gelb, Orange und außen Rot. Selten kommt es vor, daß neben diesem Hauptregenbogen noch ein zweiter, schwächerer steht, ein Nebenregenbogen. In ihm ist die Reihenfolge der Farben genau umgekehrt. Wie diese farbenprächtige Naturerscheinung entsteht, blieb jahrtausendelang ein Rätsel. Der erste Schritt zu seiner Lösung gelang 1672 dem englischen Gelehrten Isaac Newton, dem wir auch andere bahnbrechende Erkenntnisse in der Physik und Mathematik verdanken. Er verdunkelte einen Raum und ließ Sonnenstrahlen durch ein kleines Loch des Fensterladens eindringen. Als diese Lichtstrahlen durch einen dreikantigen Glaskörper, den man Prisma nennt, fielen, entstand an der Wand eine Art künstlicher Regenbogen. Man nennt dieses Band, in dem die verschiedenen Farben nebeneinanderliegen, das Spektrum des Lichts.

Newton schlußfolgerte aus dem Versuch: Wenn sich das Sonnenlicht in verschiedene Farben zerlegen läßt, muß es aus ebendiesen Farben zusammengesetzt sein. Bisher hatte man gedacht, alle Lichtstrahlen der Sonne seien gleich, also farblos. Doch wie Newtons Experiment bewies, besteht es aus Strahlen unterschiedlicher Farbe. Nur wenn Lichtstrahlen *aller* Farben zu *gleicher* Zeit auf unser Auge einwirken, erscheint uns das so gemischte Licht farblos.

Wie aber ist zu erklären, daß Licht durch ein Prisma in seine Farben zerlegt wird? Licht breitet sich normalerweise geradlinig aus. Doch hatte man beobachtet, daß Lichtstrahlen beim Übergang aus Luft in Wasser oder umgekehrt von der geradlinigen Richtung abgelenkt werden. Newton erkannte nun, daß die Lichtstrahlen der einzelnen Farben unterschiedlich stark ihre Richtung verändern. Am meisten weicht violettes und blaues Licht von der geradlinigen Richtung ab, am wenigsten das rote.

Eine solche «Brechung» und Zerlegung des Sonnenlichts erfolgt unter bestimmten Bedingungen auch durch die ungezählten Wassertropfen, die sich in einem Regengebiet in der Luft befinden. Allerdings sind die Vorgänge dabei weitaus komplizierter als beim Durchgang des Lichts durch ein Prisma.

Eine der vielen Bedingungen, die für das Entstehen eines Regenbogens erforderlich sind, ist die: Es darf keine geschlossene Wolkendecke vorhanden sein; sie muß zumindest ein Loch haben, durch welches Sonnenlicht direkt auf die vielen in der Luft befindlichen Regentropfen fallen kann.

Ist das Schlittschuhlaufen schon lange bekannt?

Das Schlittschuhlaufen, diese vergnügliche und schnelle Art der Fortbewegung auf dem Eis, kannte man bereits vor mehreren tausend Jahren. Vor allem in den skandinavischen Ländern – also im Norden, wo es lange und kalte Winter gibt – ist man mit Schlittschuhen gelaufen. Aus Funden weiß man, daß die Schlittschuhe damals aus Rentier- oder Pferdeknochen hergestellt wurden. Schon vor 600 Jahren zogen die Holländer Schlingen und Kurven über das Eis. Und während die Freude am Schlittschuhlaufen auch in England und anderswo unvermindert anhielt, veränderte das Fortbewegungsmittel sein Aussehen: Der Schlittschuh bestand nunmehr aus einer Eisenschiene, die an einer Schuhsohle aus Holz befestigt war.

Ganzmetallschlittschuhe, wie wir sie heute kennen, kamen vor mehr als 130 Jahren in Nordamerika auf.

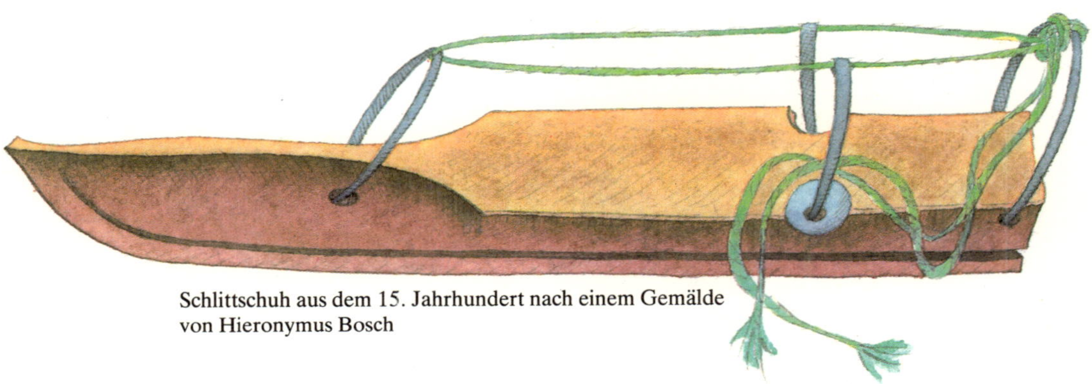

Schlittschuh aus dem 15. Jahrhundert nach einem Gemälde von Hieronymus Bosch

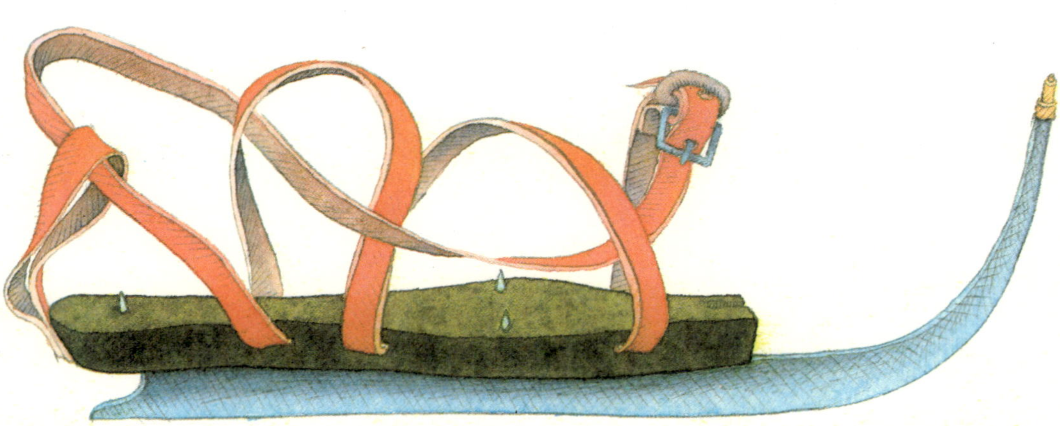

Schlittschuh der Müritz-Fischer aus dem 19. Jahrhundert

Wie kommt es, daß sich im Herbst die Blätter bunt färben?

Ein Dichter, er heißt Peter Hacks, hat geschrieben, daß der Herbst auf einer Leiter steht und die Blätter bunt anmalt. Das ist ein hübsches Bild. Und wirklich hat ja die Rot- und Gelbfärbung unserer Laubbäume etwas mit dem Herbst zu tun, mit den ersten kalten Tagen. Im April und Mai sieht das junge Laub der Bäume hellgrün aus. Nach und nach wird es dunkler. Im Hochsommer sind die zunächst flaumigen hellen Buchenblätter bald lederartig und dunkelgrün. Ende Oktober sowie im November leuchten sie in der Herbstsonne oft wunderschön rot. Das macht das Karotin. Es ist ein Farbstoff, der in Möhren und Karotten besonders häufig vorkommt. Daher stammt sein Name.

Die Blätter sind lebende Organe des Baumes. Er atmet durch ihre winzigen Spaltöffnungen und gewinnt mit Hilfe des Lichtes aus der Luft Kohlenstoff. Das ist nur möglich, weil in den winzig kleinen Zellen der Blätter Blattgrün, die Chlorophyllkörper, eingelagert ist. Die Chlorophyllkörper sind so klein, daß man sie nur unter einem Mikroskop in starker Vergrößerung erkennen kann. Unentwegt arbeiten sie und setzen Sauerstoff frei, den wir für unsere Atmung notwendig brauchen. Sie sind es, die dem Blatt auch die grüne Farbe geben.

Außer dem Blattgrün und dem Karotin befinden sich in den Blättern noch andere Farb-

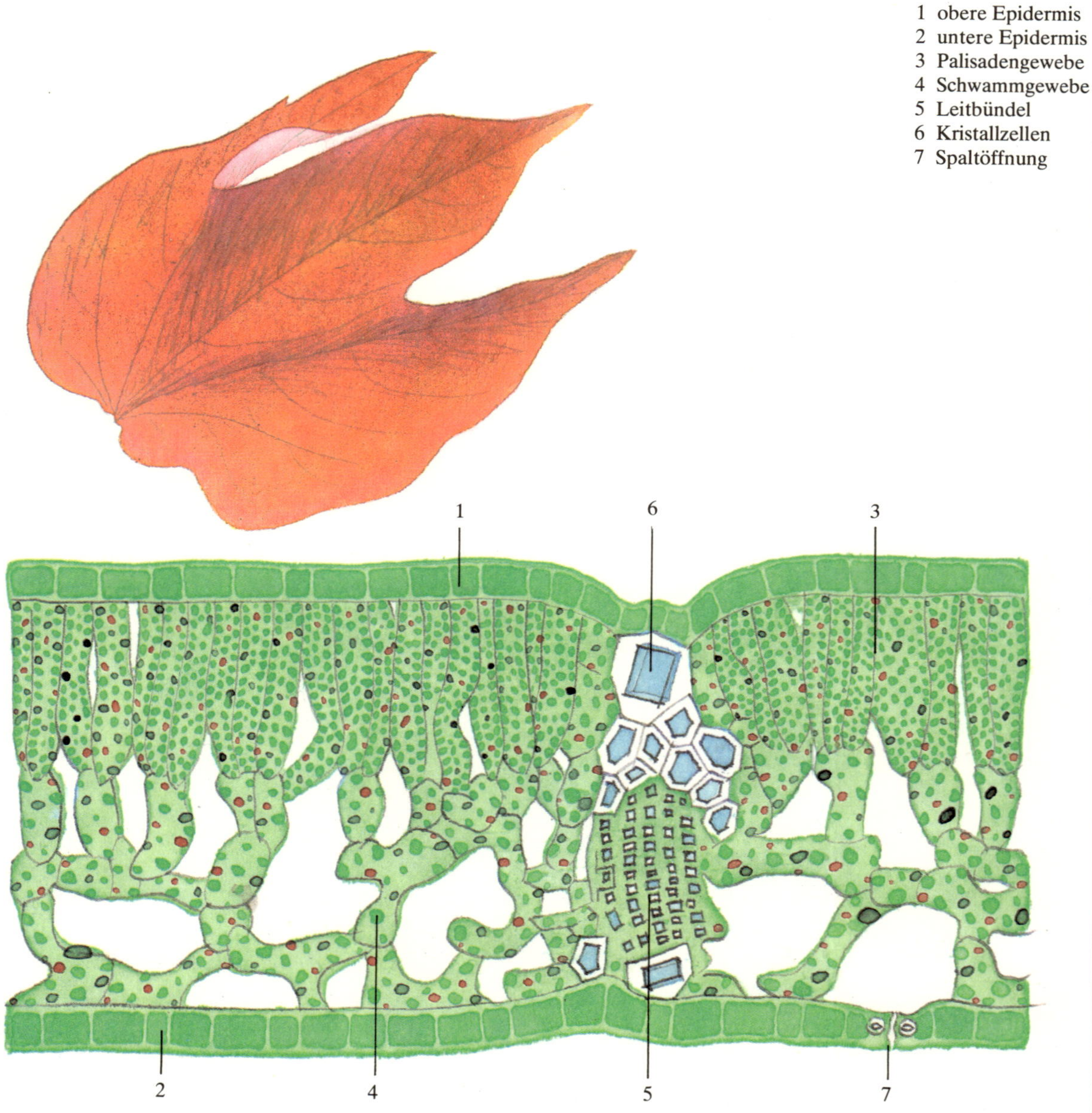

Schnitt durch ein Blatt (stark vergrößert)

stoffe. Im Frühjahr werden diese Farbstoffe nur sehr gering, im Sommer wenig, im Herbst dagegen stark wirksam. Dann nämlich sind die Chlorophyllkörper in den Blättern gänzlich abgebaut. Wenn aber kein Blattgrün vorhanden ist, kann der Laubbaum auch nicht mehr durch seine Blätter atmen, und er wirft sie ab. So schränkt er seine Lebensfunktionen ein, um die kalte Jahreszeit zu überstehen.

Wie bilden sich Sommersprossen?

Der Name für diese kleinen rundlichen, gelbbraunen Hautflecken verrät bereits einiges über ihre Entstehung: Sie *sprossen* – das heißt, sie entwickeln sich – besonders im *Sommer*halbjahr, wenn das Sonnenlicht auf unsere Haut stärker einwirkt.

Das hängt mit dem Farbstoff *Melanin* zusammen, der in bestimmte Schichten der Haut als natürlicher Schutz vor der Sonnenstrahlung eingelagert ist.

Bei längerem Aufenthalt in der Sonne wird er verstärkt ausgebildet, wir bekommen Sonnenbräune. Der Farbstoff kann sich dabei auch zu kleineren oder größeren Flecken in der Haut anhäufen, besonders bei blonden und rothaarigen Menschen. Und das sind dann die Sommersprossen.

Sommersprossen sind völlig harmlos und geben dem Gesicht einen ganz besonderen Reiz.

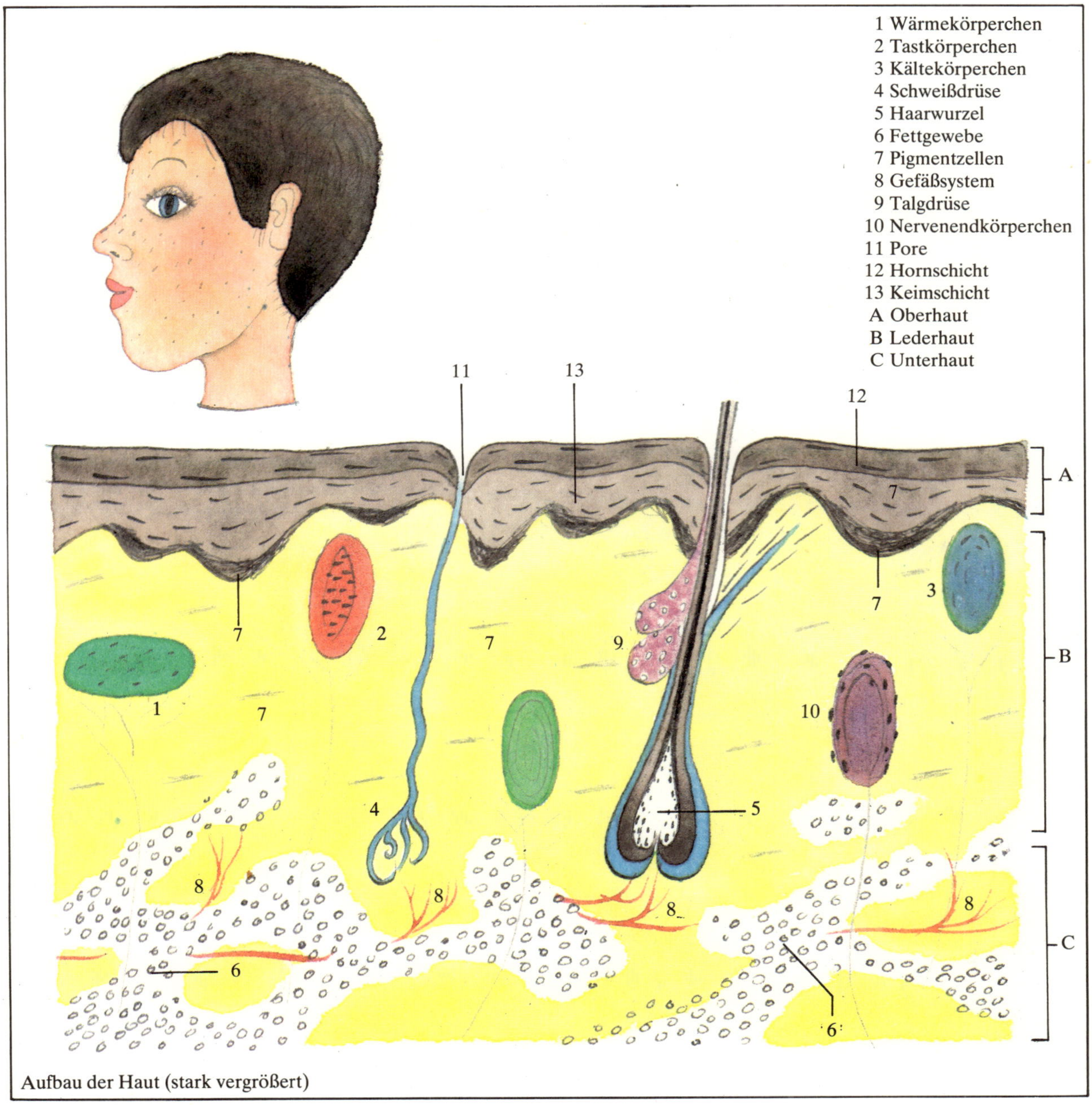

Aufbau der Haut (stark vergrößert)

Plakat von 1925. Es zeigt Charles Andress einmal als Kinderzauberer (links oben), dann als Meistermagier des Universums mit 73 Jahren (rechts oben). Er unterhielt sich, seinen eigenen Kopf in der Hand, mit den verblüfften Zuschauern.

Wer kam auf die Idee, Litfaßsäulen aufzustellen?

Viele Bezeichnungen sind auf Namen von Menschen zurückzuführen. *Watt* zum Beispiel auf den englischen Ingenieur James *Watt, Volt* auf den italienischen Physiker Alessandro *Volta* und *Litfaß*säule auf den Berliner Buchdrucker Ernst *Litfaß*.

Der Königliche Hofbuchdrucker hatte die Idee, Anschlagsäulen aufzustellen, von einer Englandreise mitgebracht. 1854 ließ er sich von dem Königlichen Polizeidirektor für ein entsprechendes Sümmchen die Erlaubnis geben, in Berlin 100 Säulen aus Zement und 50 Säulen aus Holz zu errichten – «zum öffentlichen Zettelaushang».

Jeder, der nun eine Bekanntmachung anzukleben wünschte, mußte eine bestimmte Summe an den Besitzer dieser Säulen, an Ernst Litfaß, zahlen. Der erste, der mit farbenprächtigen Plakaten für Reklame sorgte, war ein Zirkus.

Seit 1880 verpachtete die Stadt Berlin die Anschlagsäulen selbst. Einhundert Jahre später gab es in Berlin 1180, in der gesamten DDR 6512 Litfaßsäulen. Und es kommen immer neue dazu. Jährlich werden anderthalb Millionen Plakate angebracht: Programme von Kinos, Theatern, Kulturhäusern und Jugendklubs, Informationen über Kurse an Volkshochschulen, Ankündigungen von Konzerten, Ausstellungen und Zirkusvorstellungen, Hinweise auf Sportveranstaltungen, Aufrufe für Kraftfahrzeughalter, zu Reihenuntersuchungen und Altstoffsammlungen. 20 Tonnen Kleister werden dafür im Jahr benötigt. Wenn das Papierkleid der Dame Litfaß etwa 7 Zentimeter dick ist, wird sie «entkleidet». Dabei verliert die gewichtige Dame bis zu 350 Kilogramm.

Wer hat den Kalender erfunden?

Der Kalender teilt die Zeit ein. Wie wichtig eine solche Einteilung ist, wußten schon die alten Völker. Vor allem für die Landwirtschaft hatte sie Bedeutung. Wer eine gute Ernte einbringen wollte, der mußte zur rechten Zeit säen. Daher brauchte man bestimmte feste Zeitpunkte, nach denen man sich richten konnte. Regelmäßig auftretende Naturerscheinungen – zum Beispiel das allmähliche Zunehmen des Mondes bis zum

Litfaßsäule von 1910 in Berlin

Vollmond und das langsame Abnehmen bis zum völligen Verschwinden – halfen dem Menschen, den endlosen Lauf der Zeit in kleinere Abschnitte zu unterteilen.

Auch andere stets wiederkehrende Naturerscheinungen konnte der Mensch zur Zeiteinteilung verwenden. Im alten Ägypten erforschten die Priester schon vor mehreren tausend Jahren die Welt der Sterne. Dabei beobachteten sie, daß der sehr helle Fixstern Sirius zur gleichen Zeit über dem Horizont erschien, zu der der Nil Hochwasser zu führen begann. Für die Ägypter war dies der Anfang eines neuen Jahres. Das Volk der Hebräer begann ein neues Jahr, wenn die Gerste reifte, für die Menschen der Südsee, wenn die Früchte des Brotfruchtbaumes geerntet werden konnten.

Wie wir wissen, umrundet die Erde auf einer weiten Bahn die Sonne. Sie benötigt für einen Umlauf eine bestimmte Anzahl von Tagen, das Sonnenjahr. Vor etwa 3600 Jahren errechneten ägyptische Priester nach ihren Beobachtungen

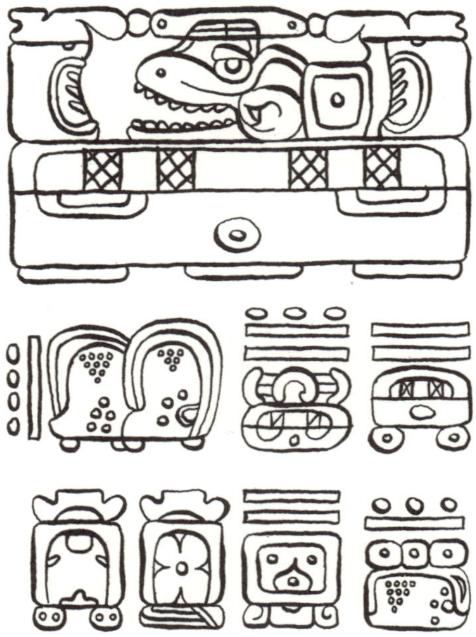

Datumsangabe der Maya um 800
(die Maya waren ein Kulturvolk in Mittelamerika)

Monatskalender der
Batak auf Sumatra;
die 5 cm große
Hornplatte enthält 30 Löcher

Illustration zum Gregorianischen Kalender, München, 1586

die Dauer eines Sonnenjahres und führten einen Kalender ein, der 365 Tage hatte. Doch die Erde benötigt für einen Umlauf 365 Tage 5 Stunden 48 Minuten und 46 Sekunden, also fast sechs volle Stunden mehr. Daher wichen im Laufe der Zeit die Kalendertage von den vier Jahreszeiten immer mehr ab.

Neben diesem Kalender gab es bei anderen Völkern, zum Beispiel den Griechen, einen, der sich nach dem Mondwechsel richtete. Dieses Mondjahr hatte 12 Monate und jeder Monat 29 und einen halben Tag. Es war also noch viel ungenauer, etwa 11 Tage zu kurz.

Diese beiden Kalender bestanden nebeneinander, was häufig heillose Verwirrung stiftete.

Ordnung in das Durcheinander brachte ein Kalender, den der römische Kaiser Julius Cäsar vor etwas mehr als 2000 Jahren einführen ließ. In der Regel hat der Kalender 365 Tage, verteilt auf die 12 Monate. Und die sechs Stunden, die das Sonnenjahr länger andauert, als es der Kalender zuließ, brachte man so unter: Alle vier Jahre hat das Jahr einen Tag mehr. In einem solchen Schaltjahr zählt der Februar 29 statt 28 Tage.

Doch ganz genau war auch der Julianische Kalender nicht, weil sein Sonnenjahr etwa 11 Minuten zu lang war. In 1500 Jahren ergab das einen Unterschied von beinahe 12 Tagen.

Papst Gregor XIII., der von 1502 bis 1585 lebte, übertrug daher dem italienischen Astronomen Lilius die schwierige Aufgabe, den Kalender zu reformieren, das heißt, ihn so zu verändern, daß er mit dem tatsächlichen Sonnenjahr übereinstimmte: Die Schaltjahre sollten beibehalten werden, aber jedes volle Jahrhundert gilt nur dann als Schaltjahr, wenn es durch 4 teilbar ist, zum Beispiel die Jahre 1600 und 2000.

Wie lernt man das Regieren?

In alten Zeiten, als noch die Könige herrschten, war es so: Hatte ein König einen Sohn, so wurde der zu gegebener Zeit ebenfalls König. Hatte er «nur» eine Tochter, heiratete diese einen Prinzen, und sie regierten. Ob ein König klug oder dumm war, spielte dabei keine Rolle.

Als die Zeit der Könige und Kaiser zu Ende ging, kamen die Kapitalisten an die Macht. Weil sie reich waren, Fabriken, Bergwerke und Eisenbahnen besaßen, regierten sie so, daß die Reichen noch reicher wurden. In den kapitalistischen Ländern ist das noch heute der Fall. Und wie ist das bei uns im Sozialismus?

Lenin, der große Führer der Oktoberrevolution in Rußland, hat einmal gesagt, im Sozialismus müsse auch eine Köchin den Staat lenken können. Sie müsse es nur lernen.

Vor vielen Jahren weilten Pionierreporter der *Trommel* bei Otto Grotewohl, dem ersten Ministerpräsidenten der DDR. Er war früher Buchdrucker, also Arbeiter. Die Pioniere fragten ihn unter anderem, wie man das Regieren lernen könne. Otto Grotewohl antwortete: «Der beste Lehrmeister ist das Leben. Man muß überall hinsehen, das Leben studieren, immer prüfen, was gut und was schlecht ist. Das lehrt uns unsere Partei, die Partei der Arbeiterklasse...»

Bei uns regieren aber nicht nur die Minister und Staatssekretäre. In einem sozialistischen Land sollen möglichst viele Bürger an der Regierung teilnehmen. Deshalb werden solche Menschen, zu denen ihre Kollegen oder Nachbarn besonderes Vertrauen haben, bei den Volkswahlen als Abgeordnete in die Volkskammer, in die Bezirkstage, Kreistage, in die Stadtverordnetenversammlungen oder Gemeindevertretungen gewählt. Die Abgeordneten arbeiten dort außerhalb ihrer Arbeitszeit mit. Das heißt, sie sind beispielsweise gleichzeitig Bäcker und Gemeindevertreter, Chemiefacharbeiter und Volkskammerabgeordneter. Abgeordneter zu sein ist kein Beruf, den man bezahlt bekommt. Es ist eine ehrenvolle Funktion.

Sie beschäftigen sich sehr gründlich mit ihren Aufgaben und lassen sich von Fachleuten beraten. Ihren Wählern gegenüber begründen sie, warum sie in bestimmten Dingen so und nicht anders entschieden haben. Wer regieren will, muß viel wissen. Deshalb besuchen die Abgeordneten Schulen und Lehrgänge, um ihre Aufgaben noch besser erfüllen zu können.

Aber nicht nur die Abgeordneten nehmen an der Regierung des Landes teil. Da arbeiten Bürger zum Beispiel in den Ausschüssen der Nationalen Front mit. Andere sind Schöffen oder Mitglieder der Arbeiter-und-Bauern-Inspektion. Wieder andere wirken in den Elternbeiräten. Es bieten sich unzählige Möglichkeiten zum Mitregieren.

Fingerabdruck, auf einem Gegenstand sichtbar gemacht

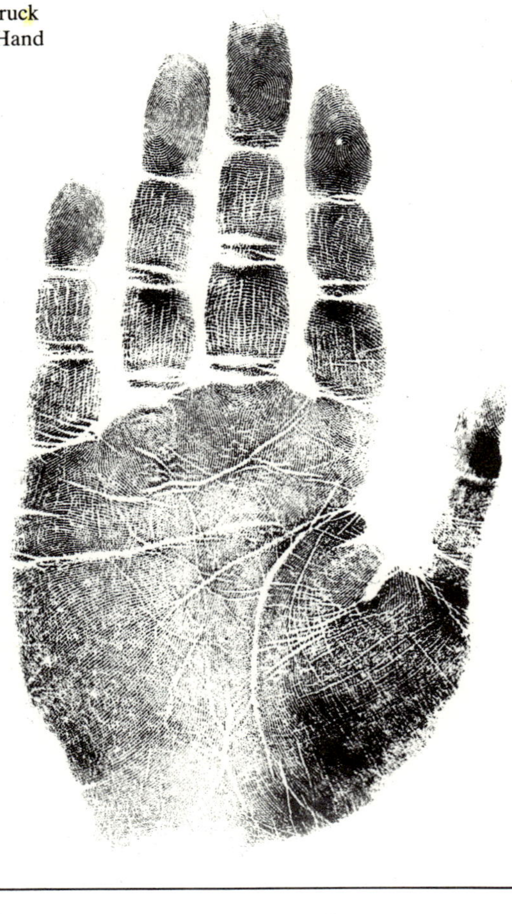

Abdruck der Hand

Wieso verraten Fingerabdrücke den Täter?

In einem Zimmer steht ein Glas mit Limonade. Jens, Peter und Uwe werden hineingeschickt. Einer von ihnen soll das Glas austrinken. Ob wir wohl danach herausbekommen, wer es gewesen ist?

Versuchen wir den Fall zu klären! Auf dem Glas entdecken wir Fingerabdrücke. Sie sind recht gut zu erkennen. Wir wollen sie aber noch besser sehen. Darum überstäuben wir sie mit fettfreiem Pulver. Jetzt treten die Fingerabdrücke ganz deutlich hervor.

Inzwischen mußten Jens, Peter und Uwe ihre Fingerabdrücke auf Glasplatten hinterlassen. Nach einem Vergleich mit den Abdrücken auf dem Limonadenglas wissen wir: Jens hat die Limonade getrunken. Es waren Abdrücke von seinen Fingern, die wir auf dem Glas sichern konnten.

Betrachten wir die Innenfläche unserer Hände und die Fußsohlen, so fällt uns eine verwirrende Vielzahl von verschiedenen Hautlinien auf. Man nennt sie Papillarleisten. An den Handflächen erinnern sie uns an Gräben und Rinnen, an den Fingern bilden sie Bögen, Schlingen und Wirbel. An jedem Finger, an jeder Hand, bei jedem Menschen sehen sie anders aus. Wissenschaftler haben festgestellt, daß es auf der ganzen Welt nicht einen Menschen gibt, der die gleichen Papillarleisten auf Fingern, Handflächen und Fußsohlen hat wie ein zweiter. Und sie haben bewiesen, daß sich diese Muster das ganze Leben lang so gut wie nicht verändern. Selbst bei Verletzungen der Oberhaut wachsen die Papillarleisten in der gleichen Struktur wieder nach.

Ordnet man dieses Schlingen- und Wirbelgewirr nach bestimmten Merkmalen, dann fällt es nicht schwer, einen bestimmten Fingerabdruck aus Millionen anderer herauszufinden. Das ist von großem Wert für die Kriminalpolizei; es ermöglicht, selbst Personen, die sich äußerlich sehr verändert haben, schnell und sicher zu erkennen.

Diese Methode der Identifizierung (Erkennung) heißt *Daktyloskopie.* Das Wort kommt aus dem Griechischen und bedeutet *Fingerschau.*

Schon vor über 2500 Jahren wußten die Men-

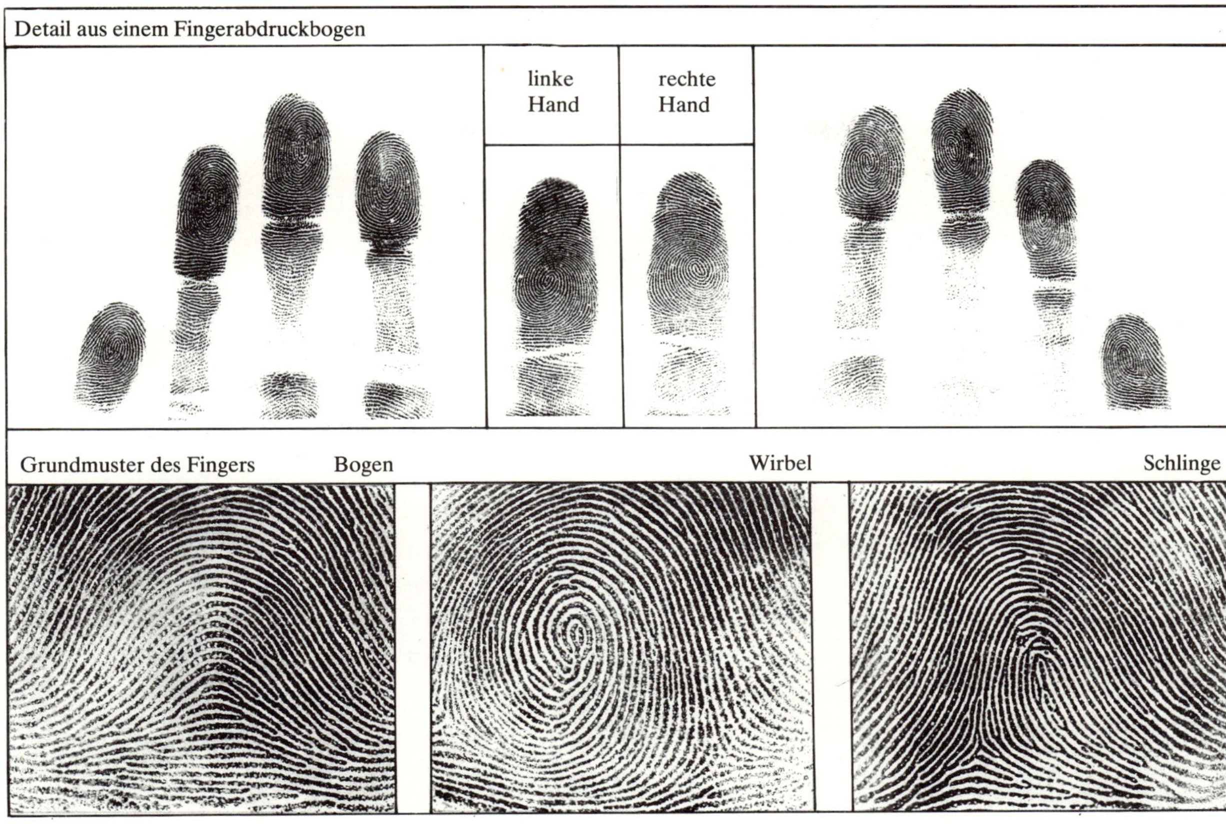

schen um die Bedeutung der Papillarleisten. Uns sind babylonische und chinesische Tonsiegel erhalten, auf denen neben dem Namen des Schreibers auch ein Fingerabdruck zu erkennen ist.

Interessante Aufschlüsse vermitteln auch alte Schriftrollen, die in einem chinesischen Kloster gefunden wurden. Eine von ihnen stammt aus dem Jahre 782 unserer Zeitrechnung. Es ist ein Schuldschein; ein Soldat hatte sich von einem Mönch Geld geliehen. Das Schreiben endet mit dieser Formel: «Die zwei Kontrahenten fanden es recht und billig und haben den Abdruck ihrer Finger als Signatur beigefügt.» (Kontrahent = Vertragschließender; Signatur = Unterschrift, Kennzeichen.)

400 Jahre später erschien in China ein umfangreicher Abenteuer- und Kriminalroman. Er umfaßte 40 Bände und enthielt die ersten Beispiele für die Anwendung der Daktyloskopie im chinesischen Kriminalverfahren. Im Laufe der Jahrhunderte setzte sich die Daktyloskopie in China mehr und mehr durch. Sogar von Findelkindern, die in Waisenhäuser eingeliefert wurden, nahm man Fingerabdrücke. So sollten eventuelle spätere Verwechslungen ausgeschlossen werden.

Zu dieser Zeit aber wußte in Europa noch niemand von den Möglichkeiten, die die Papillarleisten boten. Erst 1877 entdeckte der Engländer William Herschel, daß man mit ihrer Hilfe Personen identifizieren kann. Mit seinen Erkenntnissen beschäftigte sich wenig später der Gelehrte Francis Galton. Er entwickelte eine Registriermethode für Fingerabdrücke, die noch heute in aller Welt verwendet wird. Sie wurde 1897 in Kalkutta (Indien) und 1901 in England eingeführt.

Hier, bei Scotland Yard, der Londoner Polizeibehörde, entstand in kurzer Zeit eine große Fingerabdruck-Zentrale. Bereits 1910 waren dort über 150000 Karten mit Fingerabdrücken gespeichert.

Heute ist die Daktyloskopie nur eine von vielen naturwissenschaftlichen Methoden der Kriminalistik. Sie hat aber noch immer große Bedeutung, denn nahezu jeder Täter benutzt am Tatort seine Hände, und wenn er keine Handschuhe trägt, hinterläßt er auch Fingerspuren. Oft sind sie nur sehr schwer zu erkennen. Aber schon ein Pinsel mit einem feinkörnigen Pulver, den man über die zu untersuchende Stelle führt, läßt auch einen scheinbar unsichtbaren Fingerabdruck sichtbar werden. Mit Hilfe einer Folie können die Kriminaltechniker ihn für immer sichern.

Warum ist die DDR in Bezirke und Kreise eingeteilt?

Die Einteilung unserer Republik in Bezirke und Kreise wurde im Juli 1952, drei Jahre nach der Gründung der DDR, auf der 2. Parteikonferenz der SED beschlossen.

Vorher gab es innerhalb der DDR verschiedene Länder: Mecklenburg, Brandenburg, Sachsen-Anhalt, Sachsen, Thüringen. Das waren ziemlich große Gebiete. Nun wurden 15 Bezirke gebildet, die kleiner und daher leichter zu verwalten waren. Auch einige größere Kreise hat man geteilt. Die größeren Städte, wie Berlin, Leipzig oder Dresden, sind dazu in Stadtbezirke aufgeteilt. Es gibt 34 Stadtbezirke, 27 Stadtkreise und 191 Landkreise.

Der größte Bezirk der DDR ist Potsdam, der kleinste Suhl. Der Bezirk Karl-Marx-Stadt ist am bevölkerungsreichsten. Seine Werktätigen haben auch den größten Anteil an der Produktion der DDR. Den meisten Wald gibt es im Bezirk Potsdam und die längste Küste – natürlich im Bezirk Rostock!

Warum haben die Bäume Jahresringe?

Jahresringe oder Jahrringe sind die jährliche Zuwachsschicht an Holz. Sie bilden sich jedoch nur an Stämmen und Zweigen von Holzgewächsen, die in den gemäßigten Klimazonen gedeihen. Denn dort unterscheiden sich die Jahreszeiten beträchtlich voneinander. In den warmen Monaten wachsen die Gehölze, in den kalten «ruhen» sie.

Wenn man die Jahresringe eines gefällten Baumes zählt, kann man ermitteln, wie alt der Baum geworden ist.

Querschnitt eines Fichtenstammes (40fach vergrößert)

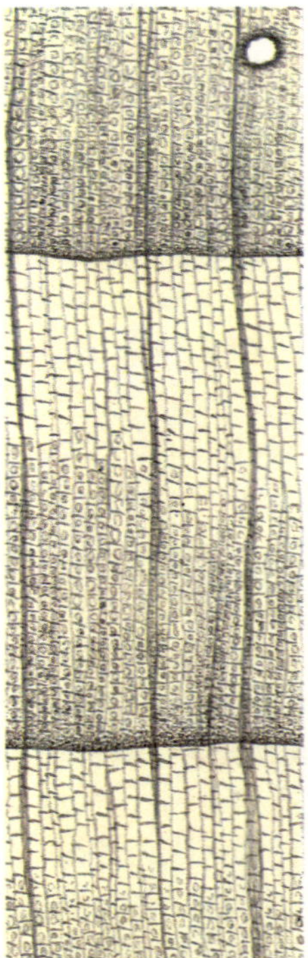

Stamm einer Fichte

Wer hat das Rad erfunden?

Das Rad hat nicht ein einzelner genialer Erfinder geschaffen. Es wurde vielmehr bei verschiedenen Völkern der Erde innerhalb einer sehr langen Zeitspanne allmählich entwickelt. Geschichtsforscher vermuten, daß dies vor etwa 6000 Jahren geschah.

Zu jener Zeit hatten sich bereits Ackerbau und Viehzucht entfaltet. In den Werkstätten der Städte stellten Handwerker viele Waren her. Damit entstand auch das Bedürfnis, Feldfrüchte und Güter auszutauschen, also Handel zu treiben. Und dazu wiederum wurde ein Transportmittel gebraucht, etwa der von Ochsen gezogene wendige zweirädrige Karren, ein Vorläufer des vierrädrigen Deichselwagens mit drehbarer Vorderachse. Doch selbst der einfachste Karren konnte erst gebaut werden, als man das Rad bereits kannte.

Auf welche Weise kann es zu dieser Erfindung gekommen sein? Sicherlich ist das Rad ein Ergebnis der Arbeitserfahrung: Gefällte Baumstämme wurden nicht getragen oder über den Boden geschleift, sondern – wo dies möglich war – einfach gerollt. Findige Männer kamen auf den Gedanken, Stämme als Walzen zu verwenden, um mit ihrer Hilfe schwere Lasten zu bewegen. Besonders zweckmäßig war es, die Lasten auf eine Plattform zu stellen, unter der die Walzen abrollten.

Weit schwieriger als diese Entdeckung war der Übergang von der Walze zum Rad. Voraussetzung war, daß der Mensch bereits über Werkzeuge zur Holzbearbeitung verfügte, unter anderem über eine einfache Säge. Mit deren Hilfe trennte man von einem dicken Baumstamm Scheiben ab. Zwei Scheiben wurden durch eine Achse verbunden und mittels Keilpflöcken an ihr befestigt. Auf die Achse kam eine Plattform oder ein Wagenkasten. Diese ersten Scheibenräder hatten jedoch nur eine kurze Lebensdauer; sie waren nicht stabil genug und brachen. Doch die Handwerker verbesserten stetig ihre Werkzeuge, mit denen sie immer geschickter zu hantieren verstanden; Wagenbauer schufen das leichte und stabile Speichenrad für Kutschen und Lastwagen; Mühlenbauer entwickelten das Wasserrad und verwendeten große und kleine Zahnräder, die in Maschinen Kräfte übertragen halfen.

Die Vorläufer des Rades waren Walzen

Baumscheibe als Rad, an einer Achse starr befestigt

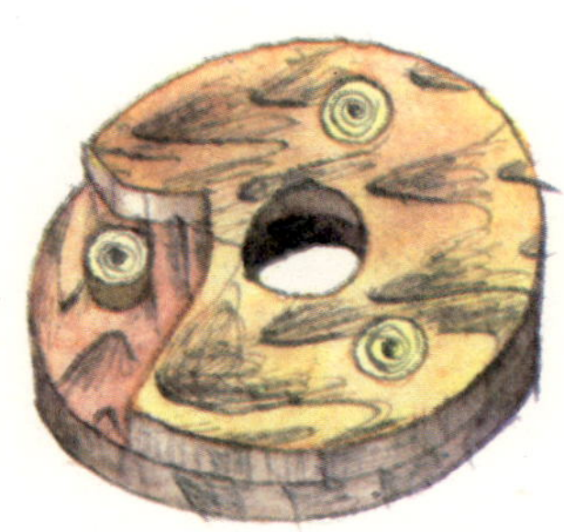

Rad aus mehreren Teilen

Baumscheiben,
beweglich an einer Achse befestigt

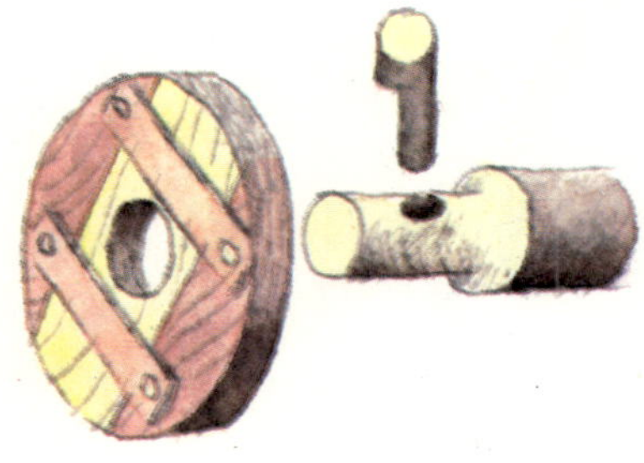

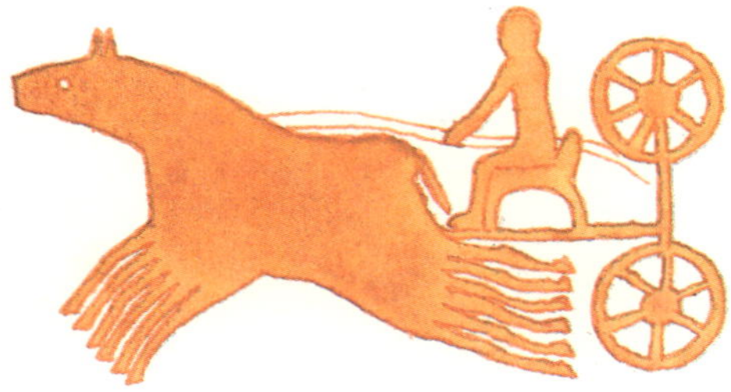

Streitwagen aus Nordafrika, um 600 v. u. Z.

Karren aus dem Mittelalter, 14. Jahrhundert

Raddampfer um 1860

Tretrad, von dem römischen Baumeister Vitruv entworfen, 1. Jahrhundert v. u. Z.

Vernähtes Rad aus Mesopotamien, 3000 v. u. Z.

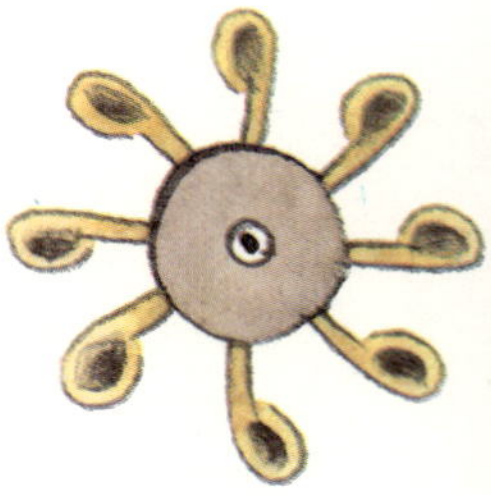

Wasserrad mit Löffelschaufeln

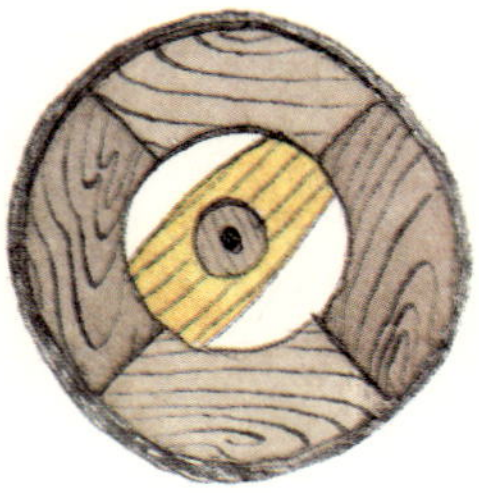

Etruskisches Rad, 1300 v. u. Z.

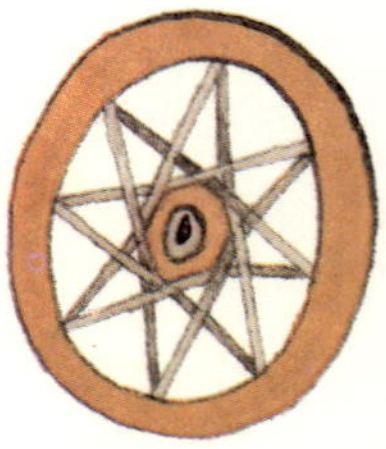

Von dem italienischen Maler und Forscher Leonardo da Vinci entworfenes Rad, 15. Jahrhundert

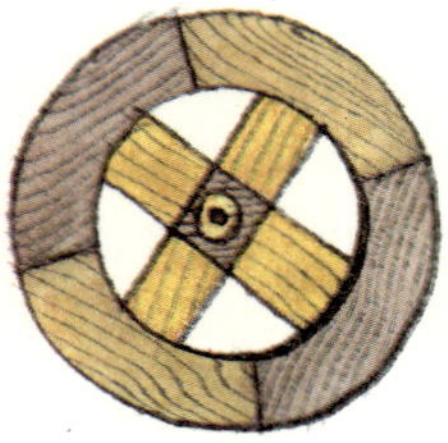

Römisches Wagenrad, 300 v. u. Z.

Zahnrad

Rollschuh

Japanische Kutsche aus dem 13. Jahrhundert

Woher hat der Duden seinen Namen?

Heute kann man ohne Schwierigkeiten feststellen, ob ein Wort richtig oder falsch geschrieben ist. Wer es nicht weiß, sieht im *Duden* nach. Dort findet er die richtige Schreibung für alle deutschen Wörter. Das kommt uns ganz selbstverständlich vor. Doch es war nicht immer so. Noch vor mehr als 100 Jahren gab es keine allgemeingültige deutsche Rechtschreibung. Selbst die Lehrer einer Schule oder die Drucker einer Druckerei waren sich meist nicht einig über die Rechtschreibung. So wurde zum Beispiel das Wort *Brot* auch *Brodt* und *Brod* geschrieben, und außer *Kompanie* gab es auch noch die Schreibung *Kompagnie, Companie* und *Compagnie*. Das war besonders schlimm für die Schüler. Was bei dem einen Lehrer «richtig» war, wurde von dem anderen als «Fehler» angestrichen.

Doch auch die Erwachsenen hatten große Schwierigkeiten mit dem Durcheinander in der Rechtschreibung. Wenn man in einem Verzeichnis oder in einer Kartei etwas suchte, so konnte man es oft nur schwer finden. Es gab immer wieder Verwechslungen und Mißverständnisse. In dieser Situation war es schon ein Erfolg, wenn sich die Lehrer an einer Schule auf eine gemeinsame Rechtschreibung einigen konnten.

Auch der Direktor des Gymnasiums in der Stadt Schleiz (Thüringen), Dr. Konrad Duden, kämpfte für eine einheitliche Rechtschreibung an seiner Schule. Er erarbeitete Rechtschreibregeln, die im Jahre 1871 dann auch veröffentlicht wurden. Da diese Regeln große Zustimmung fanden, gab sie Duden 1872 zusammen mit einem Wörterverzeichnis noch einmal in Buchform heraus, um sie möglichst vielen Menschen bekanntzumachen. Dieses kleine Buch mit dem Titel *Die deutsche Rechtschreibung* erinnert schon an unseren heutigen *Duden*, aber es war noch keine für alle gültige Vorschrift.

Vier Jahre später, 1876, fand dann in Dresden die 1. Rechtschreibkonferenz statt, auf der eine einheitliche Rechtschreibung beschlossen werden sollte. Auch Konrad Duden, der sich durch sein Buch einen Namen gemacht hatte, nahm daran teil. Die Konferenz konnte sich auf eine einheitliche Rechtschreibung einigen, doch wurde diese von dem reaktionären Reichskanzler Bismarck verboten, dem jeder Fortschritt verdächtig war. Als Folge davon kamen in den einzelnen deutschen Staaten unterschiedliche Rechtschreibvorschriften heraus. Es sah so aus, als wäre eine einheitliche Rechtschreibung für immer unerreichbar.

Doch Konrad Duden ließ sich dadurch nicht entmutigen. Auf der Grundlage der preußischen und bayrischen Rechtschreibregeln (Preußen und Bayern waren die größten deutschen Staaten) erarbeitete er ein neues Wörterbuch, das *Vollständige orthographische Wörterbuch der deutschen Sprache*, das 1880 in Leipzig erschien. Dieses Buch war der erste richtige *Duden*, denn es legte eine bindende deutsche Rechtschreibung fest, wenn sie auch zunächst nur für die preußischen Schulen galt.

Schnell jedoch begann der Siegeszug des *Dudens*, wie das Wörterbuch bald genannt wurde. Andere deutsche Staaten übernahmen die Rechtschreibung, und immer mehr Bücher und Zeitungen wurden nach diesen Regeln gedruckt. Seit 1893 gilt der *Duden* auch für die Schweiz.

Im Jahre 1901 trat dann in Berlin die 2. Rechtschreibkonferenz zusammen, auf der die einheitliche Rechtschreibung für das ganze deutsche Sprachgebiet erreicht werden konnte. Der *Duden* wurde zum allgemeingültigen deutschen Rechtschreibwörterbuch. Konrad Duden arbeitete bis zu seinem Tode im Jahre 1911 ständig an der Erweiterung und Verbesserung seines Wörterbuchs. Als im Jahre 1929 die 10. Auflage herausgegeben werden sollte, einigte man sich auf den Titel *Der Große Duden*. So wurde Konrad Dudens Name zur offiziellen Bezeichnung des von ihm begründeten deutschen Rechtschreibwörterbuchs.

In der DDR ist *Der Große Duden*, der vom *VEB Bibliographisches Institut Leipzig* herausgegeben wird, heute zu einem wirklichen Volksbuch für alle Menschen geworden – ganz wie es Konrad Duden schon vor 100 Jahren anstrebte.

Wer erfand den Reißverschluß?

Der Reißverschluß hat viele Väter, die unabhängig voneinander an dieser Erfindung gearbeitet haben. Der schwedische Ingenieur Godeon Sundback schuf ein Modell, das in großer Stückzahl fabrikmäßig hergestellt werden konnte, und meldete es 1914 als Patent an.

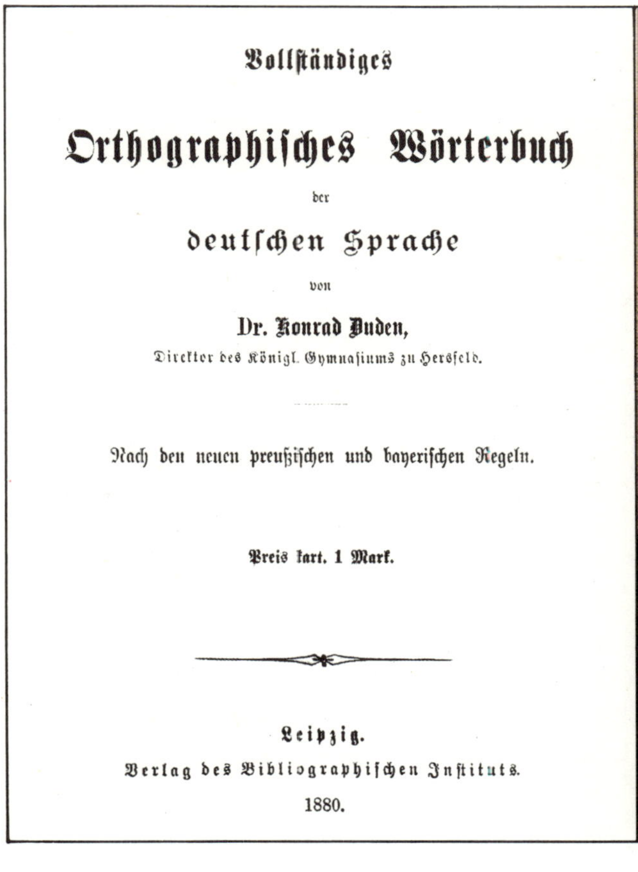

Vollständiges

Orthographisches Wörterbuch

der

deutschen Sprache

von

Dr. Konrad Duden,

Direktor des Königl. Gymnasiums zu Hersfeld.

Nach den neuen preußischen und bayerischen Regeln.

Preis kart. 1 Mark.

Leipzig.

Verlag des Bibliographischen Instituts.

1880.

Konrad Duden, er lebte 1829–1911

Azteke bei der Kakaoernte

Spanische Mönche bei der Herstellung von Schokolade

Seit wann gibt es Schokolade?

Die ersten violetten Bohnen, denen wir Kakao und Schokolade verdanken, sind vor etwa 520 Jahren in Europa aufgetaucht. Ihre Geschichte aber ist viel älter. Sie beginnt vor etwa 900 Jahren in Mexiko, einem großen Land in Mittelamerika. Wer vielleicht in alten Büchern nachschlagen möchte, um Näheres über die interessante Vergangenheit der Schokolade zu erfahren, darf allerdings nicht unter S suchen, sondern muß unter X nachschauen. *Xocolat*, so nannten die Azteken, die Ureinwohner Mexikos, ihre Schokolade. Unsere heutige Schreibweise mit S führte erst der deutsche Dichter Friedrich Schiller (1759–1805) ein, dem man nachsagt, er habe Schokolade pfundweise vernascht.

Wer nun liest, daß *xococ* in der Sprache der Azteken soviel heißt wie *sauer, herb, würzig*, darf nicht glauben, er sei auf der falschen Spur. Die Schokolade der Azteken, die keinen Zukker kannten, war alles andere als süß. Um ihren bitteren Geschmack ein wenig zu überdecken, würzten sie ihre *Xocolat* mit Vanille und gelegentlich mit Honig. Auch war die aztekische Schokolade nicht ebenmäßig und zu Tafeln geformt wie die unsere. Dazu fehlten den Schokoladenmachern in Mexiko entsprechende Geräte. Sie kochten die zerkleinerten Kakaobohnen einfach aus und schöpften die Kakaobutter ab. Aus ihr bereiteten sie den *kakauapoconallotl*, einen festen Kakaoschaum, der auf der Zunge zerging wie Butter. Und ihren Kakao, der bei ihnen *kakauatl* hieß, tranken sie am liebsten mit Pfeffer.

Kein Wunder, daß die Spanier die Nase rümpften, als die ersten Kakaobohnen bei ihnen eintrafen und sie von den Früchten kosteten. Der Seefahrer Christoph Kolumbus (1451 bis 1506) hatte die Bohnen von seiner vierten Fahrt über den Atlantischen Ozean von Mexiko nach Hause geschickt. Die Spanier wußten nichts damit anzufangen und verabscheuten den bitteren Geschmack.

Erst Hernando Cortez, ein berüchtigter spanischer Feldherr, der Mexiko einige Jahre später eroberte, machte seinen Landsleuten die Schokolade schmackhaft. Er guckte den Azteken sorgsam ab, wie sie die Kakaobohnen zubereiteten, und überlieferte es spanischen Mönchen. Als diese auf die Idee verfielen, den Kakao mit Zucker, der soeben nach Europa gelangt war, zu versüßen, zeigten sich die Spanier von dieser Mischung begeistert und wurden zu leidenschaftlichen Kakaotrinkern. Aus diesem Grund bemühten sie sich auch, die Herkunft der Kakaobohnen streng geheimzuhalten. Doch schon nach wenigen Jahrzehnten war das Geheimnis durchgesickert. Englisches und französisches Militär sowie Seeräuber sorgten dafür, daß nur noch wenige Kakaotransporte nach Spanien gelangten.

Kakao und Schokolade eroberten sich rasch die Herzen und die Gaumen der reichen Leute in England, Frankreich, Deutschland und der Schweiz. Für die Armen waren sie zu teuer.

So süß wie unsere Schokolade schmeckte sie jedoch damals noch immer nicht. Alten Berichten zufolge streuten sich die Leute in London noch vor 250 Jahren Zucker auf die Schokolade, bevor sie sie genüßlich in den Mund steckten. Milchschokolade, die wir heutzutage besonders lieben, wird erst seit 1875 hergestellt.

Heute gibt es viele verschiedene Arten von Schokolade, und jeder hat seine Sorte, die ihm besonders gut mundet. Trotzdem sollten wir nie vergessen, daß die Schokolade einen hohen Nährwert hat. Was dem Langstreckenläufer zum Sieg verhelfen kann, vermag dem Süßmaul einen fetten Wanst und schlechte Zähne einzutragen. Das ist die süße, aber auch die bittere Wahrheit.

Die «Santa Maria» des Kolumbus

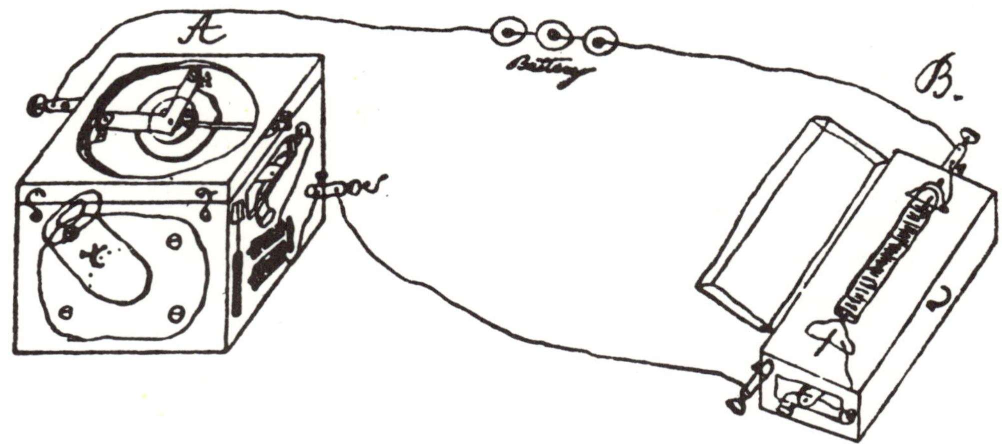

Skizze für ein Telefon von Philipp Reis aus dem Jahre 1863

Tischtelefon, um 1900

Wie kommt es, daß man durch das Telefon miteinander sprechen kann?

Beim Sprechen erzeugen wir Schallschwingungen. Das bedeutet, wir versetzen der Luft viele winzige Stöße. Dabei werden die unsichtbaren kleinen Teilchen, aus denen die Luft besteht, abwechselnd etwas dichter zusammengedrängt und danach wieder verdünnt. In einer Sekunde werden viele Hunderte, ja sogar Tausende solcher Schallschwingungen erzeugt.

Im unteren Teil des Handhörers unseres Telefons oder Fernsprechapparates – wie er richtig heißt – befindet sich ein Mikrofon. Es wandelt die Schallschwingungen in elektrische Schwingungen um. Denn der Schall der menschlichen Stimme kann nicht über weite Strecken durch die Luft oder durch einen Draht weitergeleitet werden. Elektrische Schwingungen hingegen breiten sich durch Metalldrähte Tausende von Kilometern weit aus. Das geschieht mit blitzartiger Geschwindigkeit.

Die elektrischen Schwingungen gelangen vom Mikrofon unseres Fernsprechapparates durch lange Drahtleitungen bis zum Fernsprechapparat unseres Gesprächspartners. Da der Mensch elektrische Schwingungen nicht hören kann, befindet sich im oberen Teil des Handhörers, den man an sein Ohr hält, ein kleiner Lautsprecher. Hier werden die elektrischen Schwingungen wieder in Schallschwingungen umgewandelt. Eine Stimme ist zu hören.

Beim Wählen der Fernsprechnummer des gewünschten Gesprächspartners werden – ebenfalls über die Drahtleitungen – in verschiedenen Fernsprechämtern komplizierte Schalter betätigt. Sie stellen die Verbindungen zwischen den einzelnen Abschnitten der Leitung her. Ist der Wählvorgang beendet, so ist über mehrere Schalter eine lückenlose Drahtverbindung bis zu dem Fernsprechapparat des anderen Teilnehmers hergestellt, dessen Nummer wir gewählt haben.

Damit das funktioniert, müssen im ganzen Land ungezählte Leitungen verlegt werden, durch die jeder Fernsprechapparat mit jedem anderen verbunden werden kann. In den Städten befinden sich die Leitungen unter der Erde. In dicken Kabeln sind Hunderte von einzelnen Drähten zusammengefaßt. Auf dem Lande sind die Telefonleitungen zum Teil noch über der Erde an Masten verlegt.

Funktionsweise des Telefons

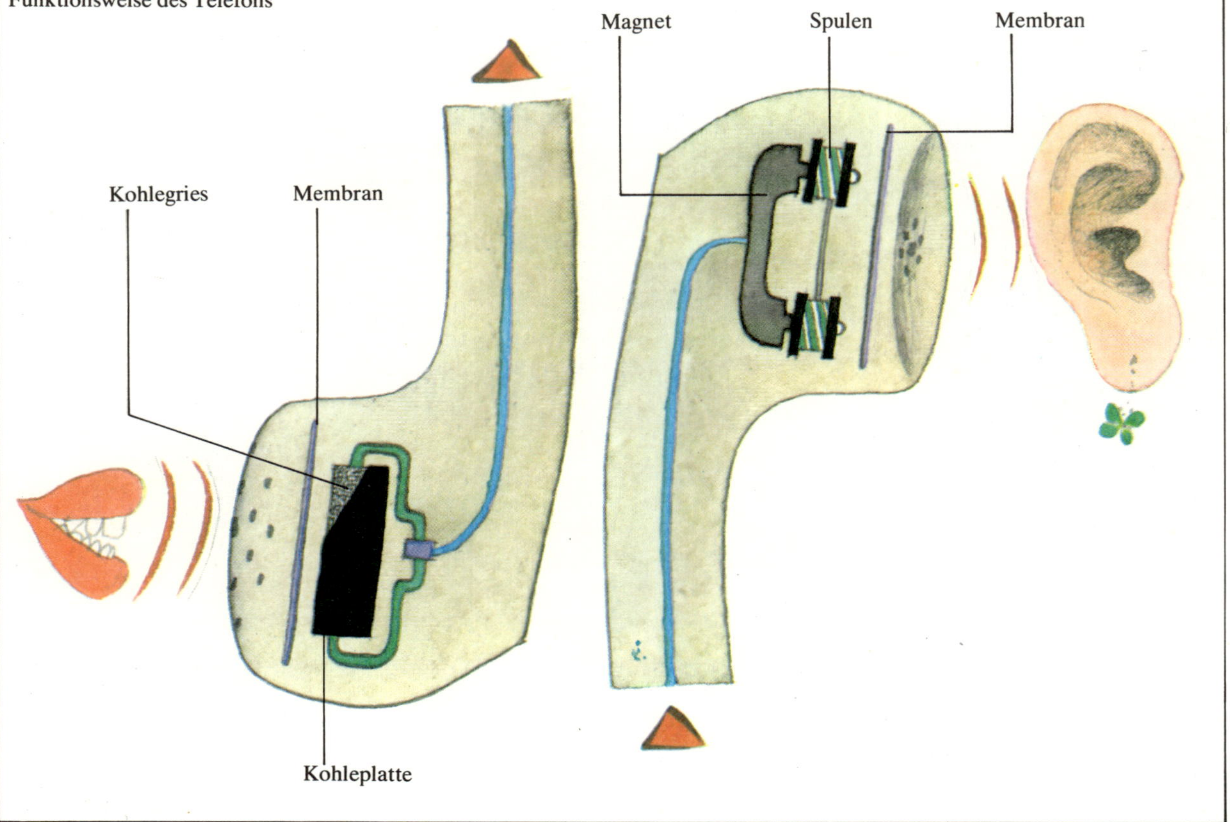

Warum sieht man die Sterne nur nachts?

Wäre unser Heimatplanet Erde nicht von einer ausgedehnten Lufthülle, der Atmosphäre, umgeben, so könnten wir die Sterne auch am Tage sehen. Da er jedoch eine Atmosphäre hat, ist dies nicht möglich. Das intensive Sonnenlicht, das in die Lufthülle dringt, wird nach allen Richtungen gestreut, wie der Fachmann sagt. Deshalb ist der ganze Himmel strahlend hell – und nicht nur dort, wo die Sonne steht.

Das gestreute Sonnenlicht ist sehr viel stärker als das schwache Licht der Sterne; es überstrahlt den Schein dieser Himmelskörper. Ihr Licht erscheint uns auch deshalb so schwach, weil sie sehr viel weiter von der Erde entfernt sind als die Sonne.

Doch wenn die Sonne am Abend unter den Horizont sinkt, verschwindet auch das Streulicht nach und nach. Wir können dann durch die Lufthülle in die Tiefen des Weltalls blicken und sehen die Sterne.

Das Sonnenlicht enthält alle Farben des Regenbogens: Rot, Orange, Gelb, Grün, Blau und Violett. Die Atmosphäre streut das blaue Licht am stärksten. Deshalb erscheint uns der Himmel blau. Man könnte unsere Frage daher auch so beantworten: Am Tage sind die Sterne nicht zu sehen, weil der Himmel blau ist.

Auf der sonnenabgewandten Hälfte der Erde ist es Nacht, auf der sonnenzugewandten Seite Tag

Kann man das Alter der Marienkäfer an den Punkten auf ihren Rücken erkennen?

Kurz geantwortet: Man kann es nicht. Marienkäfer werden in der Regel nicht einmal ein Jahr alt, es gibt aber Marienkäferarten, die 10 oder 14 Punkte auf den Flügeldecken tragen. Nahezu 4000 verschiedene Marienkäferarten leben auf der Erde. Sie bilden eine eigene Käferfamilie. Nur etwa 80 davon lassen sich in Mitteleuropa beobachten. Der Siebenpunkt ist die bekannteste Art. Er trägt als Merkmal stets sieben Punkte auf seinen schönen orangeroten Flügeldecken. Ein Marienkäfer mit nur zwei Punkten zählt zu einer anderen Art wie auch Marienkäfer mit einer gelben oder grünlichen Grundfarbe.

Alle Marienkäfer gehören – wie andere Käfer auch – zu den Vollverwandlern. Das heißt, ein befruchtetes Käferweibchen legt Eier, aus ihnen schlüpfen kleine Larven, sie fressen und fressen, bis sie sich häuten müssen, um weiterwachsen zu können. Sie häuten sich ein zweites und ein drittes Mal. Dann verpuppen sie sich, und aus der Puppe schlüpft nach einer von Art zu Art unterschiedlich langen Puppenruhe der fertige Käfer, das Vollinsekt. Wachstum und körperliche Veränderung gibt es nur während des Larven- und des Puppenstadiums. Der fertig ausgebildete Käfer kann nicht mehr wachsen, weil das Material, aus dem er besteht – das steife, erhärtete Chitin –, dies nicht zuläßt. Auch die Punkte, Fleckung genannt, sind unveränderlich. Wenn der Marienkäfer aus seiner Puppe schlüpft, ist er noch weich und insgesamt bläßlich gelb. Doch nach zwei Tagen sind seine Flügeldecken voll erhärtet, sie haben durch in Fett gebundenen Farbstoff ihre schöne rote Färbung bekommen, und die sieben typischen Flecken sind deutlich zu erkennen.

Die Siebenpunkte überwintern gemeinschaftlich unter Baumstümpfen oder in kleinen, sicheren Erdhöhlen. Nachdem die Weibchen im April ihre Eier gelegt haben, ist ihr Leben zu Ende. Bald schon schlüpfen aus ihren Eiern die blaugrauen Larven. Sie machen Jagd auf Blattläuse. Deshalb sind sie, ebenso wie die erwachsenen Käfer, äußerst nützlich. Die Marienkäferlarven werden Blattlauslöwen genannt und

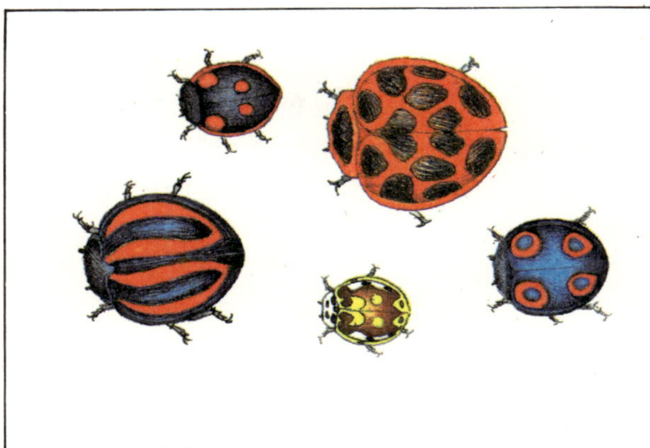

Einige Marienkäferarten

Entwicklungsstadien des Marienkäfers

Marienkäfer gelten als Glücksbringer

haben großen Appetit. Jede dieser Larven frißt bis zu ihrer Verpuppung mehr als 600 Blattläuse, etwa 40 bis 50 am Tag. Auch die erwachsenen Käfer machen täglich 25 bis 35 Blattläusen den Garaus. Sie sind richtige Glückskäfer für uns!

Seit wann ißt man mit Besteck?

Daß man nur den Mund aufzumachen braucht, und schon fliegen einem gebratene Tauben hinein, dieses Wunder gibt es nur im Märchen vom Schlaraffenland. Der Mensch sorgt selbst für seine Nahrung, und er hat sich im Laufe der Zeit Geräte geschaffen, mit denen er sie auf angenehme Weise verspeisen kann. Man darf sich diese «Werkzeuge» als eine Verlängerung der menschlichen Hand denken.

Was wir heute auf jedem Tisch oder bei festlichen Gelegenheiten auf jeder Tafel als Besteck vorfinden – Löffel (groß und klein), Messer, Gabel –, hat sich nacheinander entwickelt. Das älteste Eßgerät ist der Löffel. Seine Form ist der hohlen Hand nachgebildet, mit welcher der Mensch von alters her Flüssigkeiten geschöpft hat. Bevor man vor Jahrtausenden den Löffel schuf, nahm man zum Schöpfen geeignete Gegenstände aus der Natur: Muschelschalen, Schneckengehäuse, Fruchtschalen und bestimmte Gelenkteile von Tieren.

Die Form des Löffels, der sich in die Kelle oder Laffe und in den Griff oder Stiel gliedert, hat sich vielfach gewandelt. So gab es vor mehr als 2000 Jahren bei den Römern kleine spitze Löffel, mit denen sich Eier, Austernschalen und Schneckengehäuse leicht öffnen ließen.

Im Mittelalter waren Kelle und Griff gleich lang, so daß man den Löffel mit der ganzen Faust anfassen mußte. Später, etwa zwischen 1600 und 1750, wurde der Stiel allmählich länger. Nun vermochte man mit dem Löffel eleganter umzugehen.

Gegen Ende des Mittelalters konnte man am Aussehen des Löffels den jeweiligen Stand erkennen, dem jemand angehörte. Die Fürsten nahmen ihre Speisen mit silbernen Löffeln ein, die Bürger benutzten Zinnlöffel, und die Bauern aßen mit Holzlöffeln, die sie selbst geschnitzt hatten.

Zum Löffel kam dann das Messer; es hatte sich aus dem Jagdmesser entwickelt. Über viele

Löffel aus einer halbierten und ausgehöhlten Kalebasse (Kürbisfrucht), Paraguay, 18./19. Jahrhundert

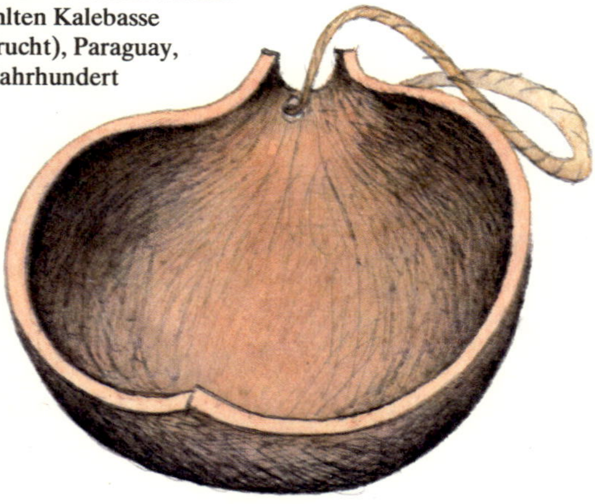

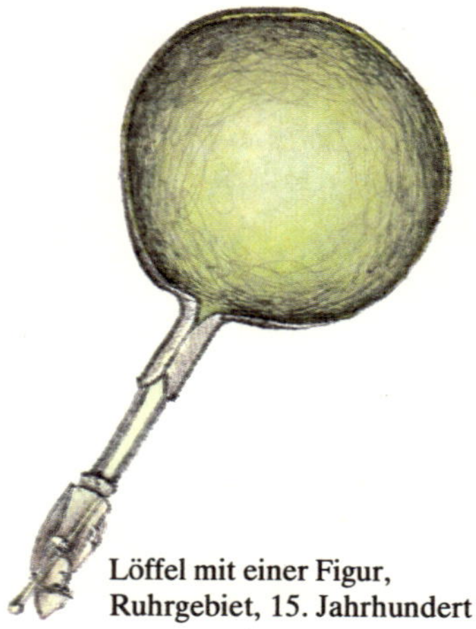

Löffel mit einer Figur, Ruhrgebiet, 15. Jahrhundert

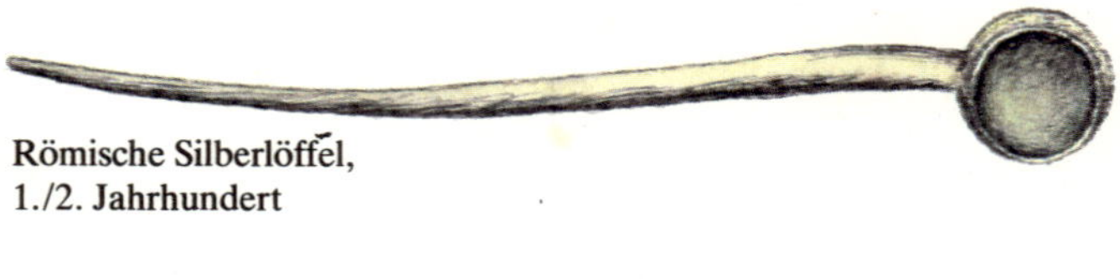

Römische Silberlöffel, 1./2. Jahrhundert

Löffel aus einer Muschel, Neuguinea, 18./19. Jahrhundert

Jahrhunderte war es neben dem Löffel das einzige Eßgerät. Fleisch aß man beispielsweise mit dem Messer und der Hand. Wie es da beim Essen zuging, kann man sich vorstellen. In einem 500 Jahre alten Buch, das Regeln und Ermahnungen für gutes Benehmen enthielt, hieß es unter anderem: «Schneuz dich nicht zu laut, und wenn du schneuzen mußt, dann tue es nicht mit der Hand, die das Fleisch anfaßt.»

Die Gabel – sie stammt gewiß vom Bratenspieß ab – war auch schon lange bekannt, doch hat man sie nur selten benutzt. Erst zu Beginn des 17. Jahrhunderts kommt sie zunächst in Italien in Gebrauch. Ein Engländer, der das Land bereiste, schrieb in sein Tagebuch: «Wenn die Italiener Fleisch essen, benützen sie kleine Heugabeln aus Eisen oder Stahl, mitunter auch aus Silber, denn sie glauben, daß es falsch sei, mit den Händen zu essen, weil nicht alle Leute saubere Hände haben.»

Diese Gabel hatte nur zwei Zinken und einen kleinen mit Kugeln verzierten Griff. Sie glich eher einer Stimmgabel als einem Eßgerät. Und viele Leute meinten deshalb auch, daß die zehn Finger, die ihnen die Natur gegeben habe, durchaus zum Essen ausreichten und es vollkommen unnötig sei, noch zwei künstliche Finger hinzuzufügen. Doch im Laufe der Zeit fand auch die Gabel mehr und mehr Verbreitung.

Seither werden diese Eßgeräte als eine Gruppe von Werkzeugen hergestellt, von denen jedes eine besondere Aufgabe hat.

Das Wort *Besteck* kommt wahrscheinlich von dem Brauch, daß der Gast zu Festen, in Gasthäusern und Herbergen lange Zeit sein Eßgerät mitbrachte, das in einem Etui am Gürtel oder in der Tasche *steckte*.

Was ist eine Zisterne?

Zisterne nennt man einen meist im Erdreich angelegten und ausgemauerten Behälter zum Sammeln von Regenwasser. Sie hatte in früheren Zeiten eine große Bedeutung vor allem für Burgen, die in der Regel auf Felsen oder Bergen angelegt worden waren und deshalb nur selten über einen Brunnen verfügten.

Auch in regenarmen Gebieten spielten Zisternen eine große Rolle für Mensch und Vieh – in einigen Gegenden der Welt sogar heute noch.

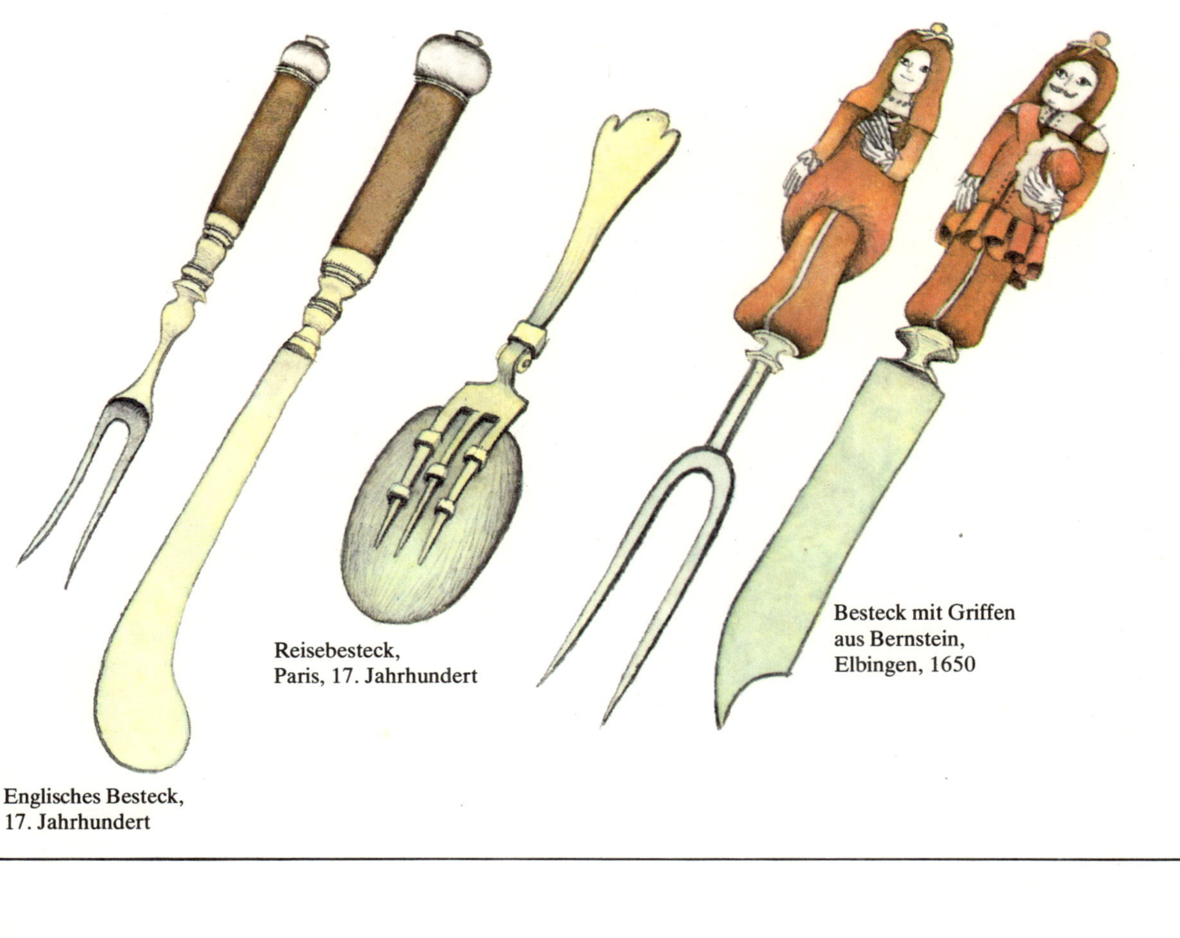

Englisches Besteck, 17. Jahrhundert

Reisebesteck, Paris, 17. Jahrhundert

Besteck mit Griffen aus Bernstein, Elbingen, 1650

Zeichnung nach einem
Kupferstich aus dem Maschinenbuch von Veranzio,
Venedig, 1595

Das erste Überfliegen des Kanals 1785
durch Blanchard und Jeffries

Wann gelang es den Menschen, das erste Mal zu fliegen?

Um das Jahr 1900 gab es in einigen europäischen Ländern eine kleine Anzahl wagemutiger Männer, die Flugapparate anfertigten, beseelt von der Hoffnung, daß sich diese Maschinen in die Lüfte erheben würden. Zu den kühnen Pionieren der Fliegerei gehören der deutsche Ingenieur Otto Lilienthal (1848 bis 1896) und der Franzose Ferdinand Ferber (1862–1909). Ferber führte in den ersten Jahren unseres Jahrhunderts Versuche mit Segelgleitflugzeugen aus. Später widmete er sich dem Motorflug. Im Jahre 1909 verunglückte der Flieger tödlich.

Ferber war von den Leistungen des deutschen Flugpioniers Lilienthal sehr beeindruckt. In einer seiner Schriften heißt es: «Den Tag, an welchem Lilienthal im Jahre 1891 seine ersten 15 Meter in der Luft durchmessen hat, fasse ich auf als den Augenblick, seit dem die Menschen fliegen können.»

Die Sehnsucht des Menschen, gleich einem Vogel die Luft zielgerichtet zu durchfliegen, ist fast so alt wie die Menschheit selbst. In Sagen vieler Völker kommt diese Sehnsucht zum Ausdruck. Sie erzählen von Gefangenen, die sich künstliche Flügel schufen, um mit deren Hilfe in die Freiheit zu gelangen. So entflohen einer griechischen Sage nach der Baumeister Dädalus und sein Sohn Ikarus von der Insel Kreta, auf der sie König Minos festgehalten hatte.

Wieland der Schmied, eine nordische Sagengestalt, war Gefangener des Königs Helge. Man hatte seine Füße gelähmt, um eine Flucht zu verhindern. Wieland schmiedete sich Flügel aus dünnem Blech und entkam. Auch in alten deutschen Märchen wird von fliegenden Menschen erzählt, denn seit alters träumte man davon, die Luft wie schwerelos durcheilen zu können.

Zur ersten Luftreise in der Geschichte kam es im Jahre 1783, und die ersten Luftreisenden waren ein Hammel, eine Ente und ein Hahn. Der Franzose Joseph-Michel Montgolfier hatte nämlich entdeckt, daß erwärmte Luft in die Höhe steigt. Gemeinsam mit seinem Bruder leimte er lange Stoffbahnen zu einer großen kugelförmigen Hülle zusammen. Auf einem eisernen Rost, der sich unter diesem Ballon be-

Lilienthal im Gleitflug, 1895

fand, verbrannten sie Stroh und Schafwolle. Die Hülle füllte sich mit Heißluft und stieg auf. In einem Korb, der an den Ballon angehängt war, befand sich die Tierbesatzung. Nach einer Luftreise von 4 Kilometern landete sie.

Einige Monate nach diesem Ereignis, am 21. November 1783, stiegen zwei mutige Männer zum ersten Mal mit einem Heißluftballon auf. Nach 25 Minuten landeten sie glücklich. Noch im selben Jahr füllte der französische Physiker Jacques Charles eine Ballonhülle mit Wasserstoff. Das ist ein Gas, viel leichter als Luft. Im Dezember 1783 unternahm er mit einem Freund in Paris eine Luftfahrt. Sie dauerte zwei Stunden; 40 Kilometer von der französischen Hauptstadt entfernt landeten sie. So begann die Eroberung der Luft.

Doch da der Ballon keinen Antrieb hat, ist er nicht zu steuern. Ziellos treibt er im Luftmeer – ein Spielball des Windes. Ballonfahrer wissen vor ihrem Aufstieg nicht, wo sie niedergehen werden. Zielgerichtetes Fliegen und Fahren in der Luft ist nur mit Flugzeugen und Luftschiffen möglich.

Die Grundlagen des Flugwesens erforschte Otto Lilienthal. Bereits als Schüler studierte er den Flug der Vögel, vor allem den der Segler. Sein besonderes Interesse galt den Störchen. Später unternahm er Versuche mit Flügelmodellen. Dann baute und erprobte er Gleitflugzeuge mit gewölbten Tragflügeln, darunter sogar Doppeldecker. Als Material für die Holme und Rippen diente Weidenholz. Bespannt waren die Flächen mit lackiertem festem Tuch. Lilienthal lernte planmäßig, sein Fluggerät zu beherrschen. Er begann mit Steh- und Laufversuchen am Boden. Danach übte er in seinem Garten den Absprung von einem erhöhten Laufbrett. Dabei schwebte er bis zu 7 Meter weit. Schließlich übte er den Gleitflug von einem Hügel: Er stellte sich gegen den Wind, nahm kräftig Anlauf, sprang und ließ sich eine gewisse Strecke von seinem Fluggerät durch die Luft tragen. Er war der erste Mensch, der mit einem Flugzeug frei flog, zunächst nur wenige Meter. Doch später erreichte er Weiten bis zu 350 Metern. Bei einem Flug in den Rhinower Bergen stürzte er ab und erlag einen Tag später seinen Verletzungen.

In den USA hatten zwei Brüder, die Mechaniker Orville und Wilbur Wright, die Schriften Lilienthals gelesen. Sie bauten ein Gleitflugzeug und machten sich in zahlreichen Versuchen mit der Steuerung vertraut. Später schufen sie sich einen leichten, jedoch leistungsfähigen Motor, den sie in einen Doppeldecker einbauten. Er trieb zwei Propeller an. Das Flugzeug startete am 17. Dezember 1903 zum ersten Mal. Pilot war Orville Wright. Die Maschine blieb 12 Sekunden in der Luft und legte dabei 53 Meter zurück. Noch am selben Tag gelang ein Flug von fast einer Minute Dauer. Wilbur Wright flog in 3 Meter Höhe 255 Meter weit. Der Motorflug war Wirklichkeit geworden. Jetzt kam es darauf an, das Flugzeug und den Flugzeugmotor weiterzuentwickeln.

Welche Aufgaben hat eine Reederei?

Eine Reederei ist ein Unternehmen der Handelsschiffahrt. Sie übernimmt Aufträge für den Transport von Gütern oder Fahrgästen und lenkt den Einsatz ihrer Schiffe so, daß diese möglichst gut ausgelastet sind.

Es ist üblich, daß eine Reederei auch Schiffe von anderen Reedereien mietet oder die eigenen Schiffe an fremde Schiffahrtsunternehmen gegen Bezahlung ausleiht.

Zu den Aufgaben einer Reederei gehört es auch, neue Schiffe bei Werften in Auftrag zu geben, Schiffe zu kaufen, Schiffsreparaturen ausführen zu lassen, den Nachwuchs für die Besatzung der eigenen Flotte auszubilden und für das Wohl der Seeleute zu sorgen.

Laufen Krebse wirklich rückwärts?

Es gibt sehr viele Krebsarten, die nicht laufen, sondern schwimmen. Krebse bilden nämlich im Tierreich eine eigene, vielgestaltige Klasse, die etwa 35000 Arten umfaßt. Zu ihnen gehören solche, die 10000 Meter unter dem Meeresspiegel leben und sich dem ungeheuren Wasserdruck, der auf ihnen lastet, angepaßt haben. Auch die winzigen Süßwasserkrebse in unseren Teichen und Seen sowie Meereskrabben mit Beinen, die eine Spannweite bis zu 3 Metern erreichen, zählen dazu.

Krebse sind Gliederfüßer, sie bewohnen alle erdenklichen Wasserzonen, von den Polargebieten bis zu den Küsten der Tropen. Wenn wir von den Krebsen sprechen, so denken wir jedoch zumeist an die Ordnung der Zehnfüßer. Sie umfaßt rund 8300 Arten. Unser bekanntester und selten gewordener heimischer Krebs, der Edelkrebs, gehört dazu wie auch Taschenkrebs, Strandkrabbe und Wollhandkrabbe.

Langschwänzige Krebse, wie der Edelkrebs, laufen gewöhnlich vorwärts, können sich aber auch seitwärts fortbewegen. Die Meinung, daß Krebse auch rückwärts laufen können, rührt von mangelhafter Beobachtung her. Langschwänzige Krebse sind in der Lage, blitzartig rückwärts zu schwimmen. Bei Gefahr schnellen sie sich mit dem Schwanzfächer durch Krümmung der Hinterleibsegmente davon.

Krabben, die im flachen Meerwasser oder zur Ebbe auf dem vom Wasser freien Watt leben, sind meist sehr gute Läufer. Sie bewegen sich vor allem seitlich fort und setzen die Beine dabei im gleichen Rhythmus wie beim Vorwärtslaufen. Die zu großen Scheren ausgebildeten Fußklauen des ersten Beinpaares werden weder von den langschwänzigen Krebsen noch von den breiten Krabben zur Fortbewegung benutzt. Sie dienen zum Fangen und Zerkleinern der Beute oder spielen – wie bei den tropischen Winkerkrabbenmännchen – eine Rolle beim Signalisieren, beim Zeichengeben.

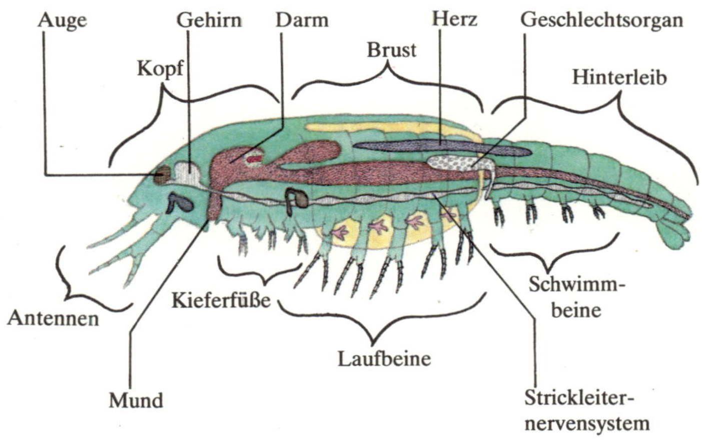

Schema eines Krebses

Wie sah es in einer mittelalterlichen Stadt aus?

In der Schule

Am Pranger

Im Bade

Ägyptischer Spiegel, aus Bronze gegossen und vergoldet, etwa 1500 v. u. Z.

Spiegel aus Venedig, 18. Jahrhundert

Seit wann gibt es Spiegel?

Bereits im alten Ägypten, also vor mehreren tausend Jahren, prüften wohlhabende Frauen ihr Aussehen mit einem Spiegel. Er bestand aus poliertem Kupfer, später – bei den Römern – aus Bronze, überzogen mit einer Gold- oder Silberschicht.

Vor 700 bis 800 Jahren kamen Spiegel aus Glas auf. Geschickte Handwerker hinterlegten das Glas mit Blei oder Zinn.

All diese Spiegel waren Kostbarkeiten; nicht jedermann konnte sie sich leisten. Erst im Jahre 1843 begann man die Rückseite des Spiegelglases zu versilbern. Als es schließlich gelang, Spiegel fabrikmäßig herzustellen, wurden sie für alle erschwinglich.

Warum sprechen die Menschen verschiedene Sprachen?

In der Frühzeit des Menschengeschlechts lebten Menschengruppen als Großfamilien, Horden oder Stämme weit voneinander entfernt auf verschiedenen Stellen des Erdballs. Zwischen diesen Gruppen gab es oft über viele Generationen keine Beziehungen; zu groß waren die Entfernungen. Unzugängliche Gebirge oder Ozeane lagen zwischen ihnen. Straßen und Verkehrsmittel gab es noch nicht. Das Leben der Menschen war ausgefüllt vom gemeinsamen Kampf um ihre tägliche Nahrung und gegen die Gefahren der Natur.

Die Sprache, mit der sich die Menschen einer solchen Gruppe verständigten, enthielt Wörter für das, was in ihrem Leben wichtig war: für Tiere und Pflanzen, von denen sie sich ernährten, für Feuer und Wasser, für ihre Kleidungsstücke und ersten Werkzeuge und vieles andere mehr. Die Wörter hatten sie «erfunden» wie ihre Werkzeuge; und tatsächlich bezeichnet man die Sprache häufig auch als «Werkzeug» zur Verständigung. Aber während sich die Pfeile, Messer, Beile, Schabwerkzeuge auf der ganzen Welt ähnlich sahen, weil man sie für die gleichen Verwendungszwecke geschaffen hatte, waren die Wörter ganz verschieden.

Es ist gleichgültig, welches Wort für einen Gegenstand gebildet wird. Unser Wort *Salz* ist keine bessere Bezeichnung für das begehrte Würzmittel als beispielsweise das japanische Wort *shiyo* oder das chinesische Wort *yan*. Wichtig ist nur, daß alle Menschen einer Sprachgemeinschaft für die gleichen Dinge auch die gleichen Wörter benutzen (und eine gleiche Grammatik). Es gibt also keine natürliche Beziehung zwischen den Wörtern und dem, was sie benennen.

Stellen wir uns vor, wir hätten einen Gegenstand, für den es noch keine Bezeichnung gibt, und 100 Menschen sollten, unabhängig voneinander, dafür ein neues Wort erfinden. Als Ergebnis hätten wir wahrscheinlich 100 verschiedene Wörter.

So etwa ist es auch, wenn unabhängig voneinander Sprachen entstehen. Oder wenn sie sich weiterentwickeln. Denn trennte sich beispielsweise in der Frühzeit des Menschengeschlechts eine Gruppe von einem Stamm und wanderte in andere Gebiete ab, so veränderte sich allmählich auch ihre Sprache. Für wieviel Neues mußten schon nach kurzer Zeit neue Wörter gefunden werden, um sich verständigen zu können.

Sprachen haben sich überall dort auf der Welt entwickelt, wo Menschen über Generationen zusammen gelebt und gearbeitet haben.

Heute, wo fast alle Völker irgendwie miteinander in Verbindung stehen, voneinander lernen oder miteinander befreundet sind, empfinden wir die Vielfalt der Sprachen oft als Hemmnis. Weltsprachen wie Englisch, Russisch, Spanisch und andere erleichtern die internationale Verständigung. Sogar «Welthilfssprachen» wie das *Esperanto* wurden zu diesem Zweck geschaffen. Doch damit werden die anderen Sprachen nicht überflüssig. Schon bevor ein Kind in die Schule geht, lernt es eine Sprache von seinen Eltern, seine Muttersprache. So bleibt die Sprachenvielfalt erhalten.

Ist sie nur eine Last? Warum pflegt jede Nation ihre Sprache? Unter anderem deshalb, weil sie mehr ist als nur ein Mittel des täglichen Umgangs der Menschen miteinander. Werke der Kunst und Literatur, der Wissenschaft und Technik sind Zeugnisse vom jahrhundertelangen Gebrauch einer Sprache und von der Geschichte eines Volkes.

Wie leben die Kinder im hohen Norden der Sowjetunion?

Sie leben nicht anders als anderswo und doch anders. Sie spielen und lernen, heißen Kolja, Tanja, Sascha oder Nadja wie die Kinder in Moskau, Leningrad, Minsk... Nur ab und zu erinnert ein Name wie Sneshina – auf deutsch: Schneeflocke – daran, daß ihre Heimat das Land des Schnees und Eises, der hellen Nächte und der langen Dunkelheit ist. Sie singen gern, lieben Tiere und treiben Sport. Die Jungen begeistern sich natürlich für Eishockey.

Zwischen der Halbinsel Kola im Westen und Tschukotka im Fernen Osten der UdSSR sind 26 Völkerschaften zu Hause: Tschuktschen und Eskimos, Korjaken und Jukagiren, Dolganen und Ewenen, Ewenken, Jakuten, Nenzen und andere – insgesamt rund 150000 Menschen. Unter ihnen gibt es Ärzte, Bauleute, Lehrer, Dichter, Schlosser – auch Eisverkäuferinnen. Sie wohnen meist in größeren Siedlungen und Städten. Doch viele Menschen üben Berufe aus, mit denen auch ihre Väter, Großväter, Urgroßväter und Ururgroßväter den Lebensunterhalt verdienten. Sie sind Rentierzüchter, Jäger, manche Fischer. Mit den Herden ziehen die Hirten über den ewigen Frostboden und über die abgeplatteten Hügel der Tundra. Auf schnellen Schlitten – die Rentiere erreichen eine Geschwindigkeit von 20 Kilometern in der Stunde – befördern sie ihre Zeltbehausungen, Lebensmittel und den Hausrat.

In Siedlungen stehen feste Wohnhäuser, Kinos, Schulen und Kindergärten. Sind die Kolchosmitglieder mit ihren Rentierherden unterwegs, bleiben die Schulkinder in Wohnheimen, gehen zur Schule. Wenn Ferien sind, steigen sie in Hubschrauber oder Flugzeuge – und ab geht es zu den Eltern in die Tundra! Das sind spannende Ferien, die Kinder dürfen mit den Herden über das weite Land ziehen.

Bevor der Unterricht wieder beginnt, fliegen sie zurück. Jedes zweite Kind im hohen Norden

Im hohen Norden der Sowjetunion

besucht eine Internatsschule. Die Eltern brauchen keine einzige Kopeke für Unterbringung, Schulkleidung, Essen und Bücher zu bezahlen.

Vor der Oktoberrevolution hatten Gelehrte, die den hohen Norden bereisten, erkannt, daß die kleinen Völkerschaften in den polaren Breiten wohl bald aussterben würden. Hier herrschten schwere Krankheiten, Hunger und Armut. Kaum jemand konnte lesen und schreiben. Die Bewohner des eisigen Landes hatten nicht einmal eine eigene Schriftsprache. Erst seit 1938 wird jakutisch geschrieben – in den ersten Schulen für die Kinder der Tundrabewohner.

Jakutien ist dreißigmal so groß wie die DDR. Hier leben aber nur soviel Menschen wie in Leipzig. In Jakutien gibt es eine so große Anzahl von Seen, daß jeder Jakute einen davon sein eigen nennen könnte. Mitten im Land wurde bei Werchojansk mit minus 78 Grad Celsius die tiefste Temperatur gemessen. Nur in Antarktika, dem eisigen Kontinent am Südpol, hat man eine noch tiefere ermittelt. Neun Monate herrscht Väterchen Frost. Dafür bringt der kurze Sommer auch heiße Tage mit mehr als plus 30 Grad Celsius. Dann fahren die Kinder ins Ferienlager und können Äpfel essen, die in nur drei Monaten an strauchartigen Gewächsen herangereift sind. Im Oktober jedoch stecken die Tundrakinder längst wieder in ihren bestickten Pelzen, haben Schapkas auf dem Kopf und dicke Fellstiefel an den Füßen. Die Sonne läßt sich nur noch zwei Stunden täglich blicken. Kaum ein Kind dieser Gegend hat schon einmal eine Eisenbahn gesehen. Aber wie ein Flugzeug aussieht und funktioniert, wissen sogar die Vorschulkinder. Es bringt ihnen ja Milch und Post, Apfelsinen und Bonbons.

Die Kinder wissen auch, wie Häuser auf Dauerfrostboden gebaut werden. Sogar die Hochhäuser stehen auf Pfählen. In Workuta hat man für eintausend Familien sogar ein kleines Stadtviertel unter ein Dach gebracht. Die dort wohnen, brauchen nun bei klirrendem Frost nicht mehr ins Freie hinaus.

Sachwortverzeichnis

Wenn ihr eine bestimmte Frage sucht, überlegt zunächst, unter welchem Wort sie wohl zu finden sein könnte. Habt ihr den Begriff gefunden, so steht dahinter die Zahl der Seite, auf der die Antwort zu suchen ist.

Inhaltsverzeichnis

In dieser Reihenfolge findet ihr die Fragen im Buch wieder

Sicher hast du, wenn du dieses Buch gelesen hast, einiges erfahren, was du vorher noch nicht wußtest. Aber ganz bestimmt hast du noch viele andere Fragen; solche, die nur dich angehen, und andere, die auch für deine Freunde wichtig sind. Überlege, was du noch gerne wissen möchtest. Schreibe deine Fragen auf die obere Postkarte und schicke sie an die folgende Adresse:

Absender:

Alter:

An den
Verlag Junge Welt
Buchredaktion

Warum? Weshalb? Wieso?

Postfach 43
Berlin
1026

Hier bitte ausschneiden

ISBN 3-7302-0218-9

2. Auflage
Druckgenehmigungs-Nr. 715/48/87
LSV-Nr. 7812
Printed in the German Democratic Republic
Gesamtherstellung: Grafischer Großbetrieb
Sachsendruck Plauen
Gesetzt aus 11/13 p Times gewöhnlich,
Linotronic
Bestell-Nr.: 683 383 3
Lektor: Marita Wetzstein
Buchgestaltung: Hans-Joachim Petzak
Für Leser von 9 Jahren an
01200